日本動物民俗誌

中村禎里

講談社学術文庫

学術文庫版に寄せて
自由自在な「知の探究者」によるユニークな「民俗誌」

小松和彦

著者の中村禎里の仕事を振り返るとき、ユニークという言葉が真っ先に思い浮かぶ。では、どんなふうにユニークなのだろうか。まず本書について言えば、「民俗誌」と題されてはいるが、内容は民俗学者が特定の地域の「動物に関する利用や伝承」を記述した調査記録とは似ても似つかぬものである。なにしろ著者は民俗学者ではないのだ。

では、著者は何者か。彼は科学史研究者で、とくに生物学の歴史が専門であった。その方面の著作も多い。ところが、契機がなんであったかははっきりしないが、次第に動物と人との関係、とりわけ日本人の動物に対する観念すなわち「動物観」の研究に向かうようになった。本書は、そのような時期に書かれた、その後の妖怪動物の研究へ至る過渡期・形成期のものである。

本書のもう一つの特徴は、本書が本書に先立って刊行された「化ける動物」を扱った『日本人の動物観――変身譚の歴史』（海鳴社、一九八四年／ビイング・ネット・プレス、二〇ることである。ようするに「日本動物民俗誌」と銘打っているものの、その心は「続・日本人の動物観」であった。そのことを考えると、本書に合わせて、本書よりも重厚な内容の『日本人の動物観』も読むことが望ましいだろう。

ところで、私が最も注目しているのは、本書もそうだが、著者の著作のすべてを貫いている分析の視点が「歴史」と「構造」に置かれていることである。「歴史」については、生物学の歴史の研究者だったことからその研究姿勢が身に染みついているのだろうとすぐに理解できる。実際、著者は、柳田国男ら民俗学者の資料の利用には歴史が欠落していることをしきりに批判している。その思いは本書でも新旧を配慮した資料の引用に示され、やがて河童観の歴史や狐観、狸観の歴史の研究へと向かうことになったのである。

では、「構造」についてはどうだろうか。この頃、著者は当時の知的世界で脚光を浴びていた「構造主義」の理解に努めていた。私も構造主義・構造分析に興味をもっていたこともあって、この点を著者に直接確かめたことがある。その影響は、本書のために書き下ろされた「要約・結論および補論」(ついでに述べると、本書はこの部分を最初に読んでおくのがよいだろう)によく示されている。著者は本書で、日本人の動物観を三つもしくは四つの軸を設けて分析しているが、そこには構造分析の基本とも言える「山」と「海」、「家畜」と「野生」、「大」と「小」といった「二項分類」や「図解」による分類・分析がなされている。そ「歴史」と「構造」の双方に目配りできるような研究者は、日本では希有の存在である。その著者が日本人の動物観の歴史に取り組んだのである。ここに、著者のユニークさのまさしく真髄があると言えよう。

本書の本編は、十二支の動物を念頭に雑誌に連載したエッセイなどを集成したものである。二十四種の動物について思索がなされ、最後に遊び心から書いたという「人」の項も加えられている。二十四種の動物はすべて実在する動物で、河童のような幻想動物（妖怪動物）は扱われていない。これは彼が生物学者という矜持をまだ守ろうとしていたからかもしれない。

取り上げられている動物にもユニークさが表れている。民俗学者ならばあまり着目しない「トカゲ」や「ウシ」「ムシ」「カエル」などが立項され、限られたスペースという制約があったが、それでも著者ならではの蘊蓄が語られていて興味深い。

蘊蓄といえば、著者の知識はまさに博覧強記と言うにふさわしい。利用されている文献は、民俗学関係の書物はもちろんのこと、古今の説話や昔話、随筆等々、多種多様かつ膨大で、さらに中国の古典にまで及んでいる。例えば、「サカナ」を論じた項で、山の神とオコゼの関係に言及し、民俗学者の千葉徳爾の解釈に対して、山の神がオコゼを好むことは『名語記』（経尊、一二七五年）にすでに記されているので、室町時代になって御伽草子の創作者が、山の神にオコゼを供える俗習と山神・海神の婚姻譚を練り合わせて物語を作り上げ、それが一般に流布したのではないか、という独自の説を述べている。私などは、誰もが気づいていないような鎌倉時代の『名語記』をさらりと引くところに著者の博識の広さが示されていて感嘆せざるをえない。その文献博捜力は驚くべきものがある。このため、本書は百科事典的な性格も併せ持っているとも言えるだろう。

彼の考察で見逃せないのは、その経歴からであろう、ヨーロッパの動物観との比較を念頭に置いていることである。例えば、人を頂点とするヨーロッパの生物界の位階観念に対し、「人を中心に、サル・ヘビ・クマ・ネコ・イヌ・キツネ・カワウソその他任意の動物が四方八方にそれを取りまく多次元的な図式が、日本人の思考様式であった。ここで人と動物とのあいだの距離を定めるのは、生物学的な類縁ではなく心理的な親近である」と言う。彼ならではの指摘で傾聴に値する。

まだまだ著者のユニークさを挙げることはできる。彼の論文やエッセイには、専門に閉じこもりがちな研究者がはっとするような独自の仮説や解釈がたくさん見出され、その一つひとつを挙げていけば切りがないほどである。

もっとも、本書には注文をつけたいこともいろいろある。「キツネ」や「タヌキ」は、昔は「神」であったが仏教の伝来によって「神の使い」や「妖怪」に零落したという説に対して異論が出てきてもおかしくはない。しかし、この点については、本書が妖怪動物の歴史の研究に向かう以前の、その萌芽期の著作だということに留意すべきだろう。『狐の日本史』や『狸とその世界』などは、間違いなく『日本人の動物観』や本書を出発点として生み出されたものだったし、その過程で妖怪零落説の色彩も薄れていっている。「トリ」の項では、「ニワトリ」（家畜）と「ヤマドリ」（野生）を取り上げて二項分類で論じているが、それよりも「カラス」や「ツル」を取り上げてほしかったと思う読者も多いはずである。

それにしても、こうしたユニークさはどこから来ているのだろうか。その答えとも言うべきことを、『河童の日本史』の「あとがき」において、次のように述べている。

第一には、私は特定のテーマにたいして執着する型のものではない。たまたま興味をいだいた関心事について解明を試み、自分なりの考えを持つことに喜びを感じる人間である。そしてテーマは、かなり偶然のきっかけで決まる。私はいかなる分野の専門家にもならずにすんだ。第二に、にもかかわらず私の研究テーマの変遷のあとを追ってみると、ある一つの明瞭な傾向を認めざるを得ない。つまり、しだいしだいに関心の対象が、自然から人、なかんずくその心に移っていく。

そうである。晩年の著者は、いわゆる「生物学の専門家」としてではなく、個人の興味の赴くまま専門領域を気にせずに自由自在に文献の世界を渉猟し想像力を巡らす「知の探究者」であった。それに取り組んでいるとき、知的探究の面白さ、楽しさ、喜びをきっと全身で満喫していたことだろう。その思索の結果が、その後の『河童の日本史』のような名著を生み出したのである。従って、本書を含めて彼の著作は、「研究は疑問の解明であり、それは至上の快楽であり、真の研究者・知識人はそうあるべきだ」ということを教えてくれる示唆に富んだ本でもあるのだ。彼の考察もさることながら、私たちが彼の仕事から学ぶべきことは、なによりもそのような逞しい知的精神ではなかろうか。

（国際日本文化研究センター名誉教授）

目次

日本動物民俗誌

まえがき

本書は一九八四年に海鳴社から上梓した前著『日本人の動物観』(以降は前著と略記)の姉妹編である。両者とも日本人の動物観という同一のテーマをあつかっただけでなく、〝あとがき〟で述べるように、執筆時期も重なる。したがって姉妹といっても双生児に近い関係にある。

しかし前著と本書のあいだには、いくつかの相違がある。第一に、本書においては、動物の種類ごとに項目をもうけ、そのイメージについて考証した。いわば各論のおもむきである。第二に、本書の各項はそれぞれ四〇〇〇字の制約のもとに書かれたので、論旨の展開におのずから限度が生じた。しかし一方、間のびしがちな私の文章が、いくらか引きしまったであろう。第三に、本書の各論において、歴史的な視点を回避はしなかったが、それに拘泥することもなかった。むしろ各種動物イメージのあいだの関係の解明に重きをおいた。前著では、縦の歴史に焦点をあてたのにたいし、本書においては、横の連関を明らかにしようとした。第四に、前著では変身説話の分析を方法として用いたが、本書ではそれにこだわらなかった。ついでながら、説話等の例が前著と重複しないように努めた。けれどもキツネ・タヌキなど変身現象を特徴とするいちぶの動物については、前著で引いた説話の再出をいとわなかった。第五に、前著においてはできるだけ手がたい議論をおこなったつもりであるが、本書の各論では、独自の仮説を提起しようと試みた。そのなかには、私自身にも疑わしく思われる仮説さえふくまれている。しかし私にとって（願わくは読者の方がたにとっても）、仮説づくりなしの資料の記述は退屈しごくである。そしてもし私が書いたものにおもしろみを認めていただけたとするならば、仮説の自由を無理に強制した結果であろう。

本書の各論のあいだではテーマが分散しており、枚数にも制約を課したため、それだけではは日本人の動物観全体の見透しは明示しにくい。その欠を補うべく、末尾に〝要約・結論および補論〟の項をもうけ、私見を展開した。この項では各論とことなり、まずは穏当な議論をおこなったつもりである。ただし言うまでもなく、〝要約・結論および補論〟は、各論における考察を土台にして成立している。なお各論のさいごに〝人〟の項が入っているが、この項と他の項のあいだには脈絡は存在しない。一種の遊びである。

さらにひとこと。本書も前著とおなじように、野生動物の保護などの現下の問題を考えるためにも役だってほしい、と願っている。

サル

現在、日吉山王二一社の中枢は大宮（西本宮）とされ、そこにはオオナムチ（本地仏・釈迦如来）が祀られている。山王神道の初期の教義を記した『耀天記《ようてんき》』（一二二三年）をまずとりあげ、話のきっかけとしよう。著者は比叡山天台の学僧と思われる。

『耀天記』には、日吉とサルの結びつきについておもしろい説明がなされている。諸神が出現する前に、黄帝の大臣だった蒼頡《そうけつ》が、「神」という字をあらかじめ発明しておいた。「神」を分解すれば「申《サル》に示す」となるだろう。蒼頡は、釈迦が将来日本の日吉に到来し山王として現われたまい、サルの形をもちいて吉凶を示されるはずである、という事情をあらかじめ知っていた。だからこそ「神」の字をつくりえたのである。では彼はいかにして釈迦の日吉垂迹を予知しえたのか。じつは蒼頡は釈迦その人の前世の姿だった。そして釈迦の日吉垂迹が実現してまもなく、その御心にかなうべく、サルの群れが日吉神社のほとりに集ってきた。なお釈迦にさそわれ、薬師如来が二宮（東本宮）にオオヤマクイとして垂迹したが、彼の前世はサルであった。

ざっと言えば、以上が山王とサルの因縁にかんする『耀天記』の主張である。もとより作り話をむきになって批判するのは興ざめだろう。しかし日吉山王の実際の歴史にてらして、この作り話の虚構の意味を案じても悪くはない。

現実には、日吉山王は二宮からはじまる。すでに『古事記』（七一二年）神代記に、オオヤマクイが近江国の「日枝の山に坐す」と述べられていることからもわかるように、その起源はかなり古い。景山春樹（一九七八）によれば、日吉の信仰は古墳中期にまでさかのぼることができる。その後七世紀中葉にいたって三輪山のオオナムチが当地に勧請され、さらに八世紀末に最澄が比叡に拠点をきずいたとき大宮のオオナムチを迎えた。そのため、比叡山天台の隆盛とともに、二宮と大宮の地位が逆転してしまった。天台僧の筆になる『耀天記』に、最澄以後の事態を絶対化する意図がはたらいていたことは言うまでもない。ちなみに山王の名称も、最澄が中国天台から輸入した神号である。

南方熊楠（一九二〇a）が示唆するとおり、山神またはその手先としてのサルの信仰が、山王大宮信仰に先行していたことは疑いえない。おそらく二宮のオオヤマクイの神格さえ確立しない昔に、日吉の人びとはサルに特殊な感情をいだいていたのであろう。『耀天記』の作者は、この事実を逆転し、日吉におけるサルの出現を大宮勧請後の事件に改め、さらに二宮に依る神の本体をサルと同化して、これを大宮に従属せしめる根拠とした。

サル神が日本土着の起源を有することは、これが日吉系の各社にかぎらず、浅間など各地で山神信仰とむすびついている点から明らかであるが、一方、インドにおけるサル信仰との融合も見逃せない。景戒の『日本霊異記』（八二〇年ごろ）下―二四に、インドの大王が死して白いサルに生まれ変わり、近江国野州郡の社の神となった、という説話が収められている。野州郡は、狭くすぼんだ琵琶湖南端をはさんで日吉神社の向う岸にあり、両者はあまり離れていない。この説話は、日吉信仰の原型にかかわりがあるかも知れないし、また同時に、サル神におけるインド起源の要素をほのめかす。

日本のサル神に混じるインド的な要素は、庚申・馬頭観音の信仰にも残映している。南方によると、庚申の青面金剛は、ラーマーヤナ説話の主人公ラーマの本体ヴィシュヌ神の転化、青面金剛の足もとにならぶ三匹のサルは、ラーマに仕えたサル、ハヌマンの変形である。石田英一郎（一九六六）は、ヴィシュヌ自体がサルに化身する、と指摘している。これが中国を経由するうちに三尸のムシの話と合体して日本に流入した。石田によれば、ウマの首を頭にのせた庚申像は、インドのハヤグリーヴァ（馬頭観音）およびヴィシュヌに関連あり、中国におけるその像形について『輪王経』は、「鼻は猿猴の如く」と述べているそうである。

仏僧によって庚申が青面金剛とむすびつけられたのに対抗して、神道の理論家は、前著をサルタヒコと同一視する俗信をひろめた。飯田道夫（一九七三）は、庚申とサルタヒコの同一視を可能にした条件として、つぎの二点をあげている。まずサルタヒコは塞の神の別名であり、幸神とも称する。これは庚申と音通であった。またサルタヒコのサルが、青面金剛のサルと連絡した。

しかし飯田が指摘しているように、天野《あまの》信景《さだかげ》（一七三三）以来、サルタヒコはサタヒコの転であって、がんらいサルには関係なし、とする説がかなり有力である。けれども『古事記』・『日本書紀』（七二〇年）において、この神はそれぞれ猨田毘古・猨田彦と表記されており、八世紀初頭にはすでに、サルタヒコがサルのイメージを連想させていたことは否定できない。

筑紫申真（一九六二）によれば、アマテラスおよびもともと南伊勢を地盤としたサルタヒコは、日神としての神格において重なりあい、伊勢神宮創成の過程で両者の祭祀が融合した。『日本書紀』皇極紀の六四五年正月に、山嶺・川辺・寺社のあたりにサルが現われ鳴き叫んだとの記録がある。ときの人いわく、「これはこれ、伊勢大神の御使いなり」と。この記事は、伊勢のサルタヒコ信仰において、古くサルが関与していたことを示すのかも知れない。

以上述べた諸事実・諸説からわかるように、がんらい日本にあった山神としてのサルの信仰が、仏教とともに流入したインドの土俗神と習合し、さらに日吉・庚申・馬頭観音・サルタヒコなどの看板を印して普及したと考えるのが真相に近い。ではなぜ、サルが神の顕現または使者とみなされたのだろうか。南方の説のいちぶを紹介しよう。

南方は第一に、田畑を荒されるのをふせぐためサルに餌を供したことが、サルを田畑の守り神と認知させる原因になったのであろう、と主張する。第二に彼は、日吉信仰とのかかわりあいで、日吉の語源とサルとの関連についてふれる。南方は、「日吉」が太陽崇拝に関係していると推定し、日の出とともに叫びさわぐサルの習性がこの動物を日神の使者たらしめたのだ、と論じた。

サル信仰そのものではないが、サルにかんする日本の民俗を考えるばあい、厩のサルの話をおとすことはできない。この伝承はまず柳田国男（一九一四）によって検討された。彼は南方の報告を引き、この慣習がインドでは仏典結集時代にはおこなわれていた、と言う。けれども「日本ノ厩ノサルモ、決シテ新シキ外国ノ模倣トハ認ムベカラズ」というのが柳田の意見であった。彼は後白河院の『梁塵秘抄』（一一七〇年ごろ）二および橘成季の『古今著聞集』（一二五四年）二〇―七一六の記載を古い事例としてあげている。

ではサルはどのような根拠でウマを保護する役割をあたえられたのか。柳田と南方の見解を総合するとつぎの諸点がうかびあがってくる。第一に、インドではガンダールヴァの賤民はウマとともにサルを連れ、芸を見せ歩いた（南方）。日本においてもサル引きはウマ医を兼ねていた（柳田）。これらの風習からウマとサルの結びつきが生まれた。第二に、サルがウマの病気・災厄をのぞくという伝えに注目する（柳田・南方）と、この話はサルがウマの毛についた汚物をのぞく習性からきたのかも知れない（南方）。第三に、サルはちょろちょろ走りまわるので、ウマを襲う邪視が混乱しウマは救われる（南方）。

これらの説のいずれにも相応の根拠がある。けれども事の根本は、動物界においてサルが占める特殊な位置に由来するのではないだろうか。サルが日吉の使者として採用された理由の一つとして、『耀天記』にはつぎの説明がなされている。サルは「余の獣にも似ず、人近き舞振《ふるまい》をする者なれば、山王も〝同じくは〟とてサルに憑り給えるにや侍らむ」。

一般にサルにかんする信仰や伝承を考察するさい、サルの似而非人性が理解の鍵になるばあいが多い。民俗学の成果が示すとおり、霊威をふるう人はしばしば異形小童の姿によって特徴づけられる。サルは人の異形にして縮小態である。しかも山奥に生活する。そこでサルが山神の使者あるいは神そのものと見なされたのは自然であった。とくに山にあってウマに騎乗しえる動物はサルに限られる（松山義雄、一九四三）。サルはこの点で山神たりうる動物のなかでも特殊である。

しかしサルが保護する動物は、地域によってはウシでもゾウでもありえた。つまり使役用の家畜がその範疇にはいる。これらの動物は家畜としては山神の管轄下にあり、家畜としては人類に馴致されている。家畜は神と人との二重支配のもとにおかれ、したがって山神と人の両者の使者たりうるサルが、二重の指示をうけて家畜を監視するのははまり役と言えよう。

サルが人の意に反しウマを保護せず、逆にこれを引くとする伝承も残っており、このばあいサルは山神として、またはその配下として、供犠のためウマを強奪したのである。『今昔物語集』（一一一〇年ごろ）二六―八において、飛騨のサル神が人の生贄をもとめ旅人に成敗されるが、サルが退治されたあとこの地方にウマが導入されたという結末は、注目に価する。この説話のサル神は、人のみならずウマをも狙うと恐れられていたのではないか。今や山神のサルは人に降伏し、厩の守護役として帰投したのであるが、それでもまれに昔日の本能がよみがえりウマを引くのであろう。

サルは人に似ながら人に劣るので、かえって侮蔑の対象になることも多い。例をあげたいが紙幅がつきたのでこれで終る。

キツネ

折口信夫（一九二四）は、『信太妻』のキツネが夫と息子に書きのこした

恋しくば　訪ねきてみよ　和泉なる　信太の森の　うらみ葛の葉

について、わかったようなわからぬような、テニヲハのあわぬ、いかにもキツネらしい歌だ、と評している。ところが私は、子供のとき絵入りの本でこの話を読み、はらはらと涙を流したものだ。以来、「恋しくば……」は離別する夫婦・母子の心情をこよなく哀れにうたいあげた名歌である、と心得てきた。そしてこのたび古浄瑠璃本の『信太妻』（一六七四年）を読んでまた泣いた。

葛の葉を慕い父・保名とともに信太の森に訪れた童子丸、後の安倍晴明が、ほんのひとときだけ人の女性にもどった母の胸に抱かれる。しかし別れが定めである。保名が童子丸を抱きとろうとすると

「いやいや父には抱かれまじ。いなや母上、とどめてたべ」と取りつくを、……心強くも引き放ち、ありし所を立ち去れば、幼きものは声をあげ、「のう母上」と泣き叫ぶ。母も泣くなく跡につき、しばしがほどは来たりしが、「もはやこれより帰るなり。やれ幼き者よ、これが今生の、別れかや」さらばさらばと言う声も……

私は日本人らしい情緒過多の傾向をかなり極端にうけているようだが、それにしても、古来、日本人にとってキツネはかならずしも妖獣ではなかった。人びとがこの野獣にたいしやさしい感情をいだいていたことについては、折口、柳田国男（一九三九b）をはじめ多くの研究者の見解が一致している。『日本霊異記』（八二〇年ごろ）、『日本法華験記』（一〇四〇年ごろ）、『今昔物語集』（一一一〇年ごろ）等の説話集において、キツネが人に変ずる話は数多いが、変身の動機に悪意があってもせいぜい悪戯ていどであり、人に肉体的危害をくわえる事例はほとんど見あたらない。『日本霊異記』中―四〇には、キツネが橘奈良麻呂の母に化け彼の子を殺す話があるが、このばあいも、子ギツネを串刺しにして殺戮した奈良麻呂の残虐にたいする悲しい報復にすぎなかった。

柳田（一九四九）によれば、田の神の使いとしてのキツネの信仰が、この動物にたいする日本人の好意の根底にある。彼や折口など民俗学者は、キツネを妻とした家族の子孫が（しばしば農業の成功によって）繁栄するという説話に関心を示している。柳田は、この種の説話を、キツネ＝田の神使説の例証とみなす。『信太妻』においても、葛の葉は、動物の言葉を聞き知る玉を童子丸に与えた。彼の出世はこの秘宝の力によるところが大きい。けれども、農業との結びつきはべつとして、キツネの助力による繁栄の説話自体は、中国、とくにその北部からの輸入である可能性が大きい（澤田瑞穂、一九七八、を参照）。

キツネを山みさきの名でよぶ地域がある。ここではキツネは、山の神の使者ともみなされてきた。日本人の信仰においては、山の神と田の神は同一神格の異なる顕現であり、それは季節の変化に応じて山と里のあいだを去来する。キツネが山の神と田の神両者の使者であるのは、不思議ではない。私はむしろ、キツネを山の神に帰属させる信仰のほうが先行すると考えている。

山の神に話がおよぶとすれば、前項であげた山王日吉のサルとの関連が問題にならざるをえない。そのばあい日吉の神とサルの組に対抗するのは、稲荷の神とキツネの組だということになろう。一般に稲荷神社と日吉（および日枝）神社の分布をしらべてみると、東北日本に前者が圧倒的に多く、西南日本では後者がかなり優勢である。キツネが北方系の動物であり、サルは南方系であることとの対応は、おそらく偶然であろうが興味をそそられる。さらに日吉信仰が天台と結託したのにたいし、稲荷信仰が真言東密とともに流れた事実もおもしろい。両者の転換の事実も知られている。一例をあげると、直江廣治（一九七六）は、津軽の高山稲荷はかつては山王であったらしい、と指摘している。

この例にたまたま合致するが、しだいに勢力をのばしたのはサルではなくキツネであった。キツネのみが神の去来信仰を介して田の神（稲荷）に結びつきえたことが、その優位をもたらした。しかも一次産業のなかで水田耕作がますます大きな比重を占めるようになり、この動物の勢威はサルの比ではなくなってしまった。では、なぜキツネは田の神にとりいるのに成功したのだろうか。両者の結合の直接のきっかけについては諸説ある。柳田（一九四九）は、田の神の祭場であった未開地にキツネが居ついたことが縁となった、と説いている。また吉野裕子（一九八〇）は、キツネの体色が中国の后土神とつながりをもち穀物神になった、と主張する。しかし現代にいたり、稲荷の赤い鳥居にその名を記す奉納者の多くは、小さな商社である。肥後和男（一九四七）が指摘しているように、今日の稲荷信仰は、地味な農業からはなれ、キツネの変幻自在に通じる流通過程で利潤を追う職業に近づいた。

諸家が一致して認めているように、キツネの特異な性格と行動が人びとに神秘な印象をあたえ、この動物の勢力拡張に役だった。顔貌や眼つきの奸悪、生活の隠棲性・夜行性（小泉丹、一九四二）、人に出会ってもすぐ逃げず、立ちどまって眼をあわせるような習性（柳田、一九四九）、うかがうような眼つき、すばしこい動作、意味ありげななき声（谷川健一、一九七四）、狡猾で機敏（麻生磯次、一九七六）、予兆力・怜悧、墓地をあばく習性（松山義雄、一九四三、一九五三、一九七八）。

こうしてあげられたキツネの特性は、たしかに神秘な印象をあたえはするが、人好きのする要素はそこにはあまり見られない。このことは、古来日本人はキツネに親しい感情をいだいていたという既述の定説と矛盾しないだろうか。その解決案をふくめ、キツネを神使とみなす信仰の根拠にかんする私の仮説を述べておこう。

非常に古くは、日本人の祖先は、他の野生哺乳類にくらべキツネにそれほど大きな注意をはらっていなかったようである。おそらくひとつには、キツネが食用に適さなかったためであろう。直良信夫（一九四一）によれば、キツネの骨は史前遺跡からはめったに発見されない。『風土記』（八世紀前半）を見ても、イノシシ・シカの活躍にくらべるとキツネの影はうすい。しかし野生動物に神使としての役割がもとめられる場面では、キツネ・サルのように食用に不向きの獣に出番がまわってくる。容易に人びとの胃袋をみたすようでは神使たるに不利であろう。

ここでさらにイヌとキツネとの特殊な関係を考慮せねばならない。イヌとキツネは仇敵の関係にある。人に化けたキツネはイヌに吠えられて正体を露わす（たとえば『日本霊異記』上―二）。しかし同時に、キツネはイヌにとって嫌なあいてだ、とする説もある。松山（一九七八）によれば、イノシシには勇敢に立ち向かう猟犬も、キツネにたいしては怖じ気づいて追跡しようとしない。このような竦みあいの由来は、両者の類縁性にあるのだろう。キツネはじつによくイヌに似ている。幼児にキツネの写真を示すとワンワンとよぶ。にもかかわらずキツネは真のイヌではない。

形態的にはイヌにくらべて太くて大きい尻尾が目につく。「尻尾を出す」など、キツネのシンボルとしての尻尾の意味は、イヌとの対比において十全に明らかになるだろう。しかしそれよりも重要な相違が存在する。イヌは人の従者であるべきなのにキツネはそうでない。イヌは主人の家を守るべきなのにキツネはそうしない。この動物は人にまつろわぬ、山に住むイヌである。この異様なイヌが服従すべき主があるとすれば、それは山の神以外ではありえない。

キツネが神のイヌであるかぎりにおいては、さきにあげたその性格・行動の諸特性のうち、神使の役割に適合した面だけが人びとの関心を集め、怜悧と敏捷が強調されたはずである。かくて形成されたキツネのイメージは、この動物が田の神の使いに転身するとともに、さらにやさしげになっていったのであろう。

ところがやがてキツネ信仰の零落形態としてのキツネ憑き（岩井宏美、一九七六）の観念が流布されるようになる。一方、古くから存在した『玉藻の草紙』（一六世紀前期）のような中国伝来のキツネ妖異譚がそれに結びつく。こうなるとキツネの性格行動のうち陰険な面のほうが強調されてしまう。もちろん長いあいだ、山の神、田の神および商業神信仰とキツネ憑き迷信は並行しておこなわれてきたので、キツネの性格・行動について陰陽両面を私たちは感じている。ただし、稲荷信仰が比較的よわい西日本にキツネ憑きが多く（岩井）、東北地方の稲荷信仰の実態はキツネそのものの信仰に近い（直江）という事実は、注目してよいだろう。地域によってキツネの性格・行動のべつの面が注目される。

つけたしになるが、人に馴致されがたいイヌ、山住みのイヌとしてのキツネの特徴は、オオカミにもあてはまる。前者においては怜悧が、後者にあっては強力がまさるという区別はあるが。柳田（一九三九b）は、日本の民俗においてキツネとオオカミのばあいにかぎってその嫁入り、出産に関心がもたれることから、キツネの嫁入りとオオカミの産見舞いはもとはひとつの信仰であったのではないか、と推測する。谷川健一も、キツネと由縁ふかい秦氏の祖先がオオカミに出会って格闘を中止させたという『日本書紀』（七二〇年）欽明紀の説話を引用し、二種の動物にたいする信仰の類縁を示唆した。キツネとオオカミにかんする民俗の近さから、両者の信仰を説明する鍵として、これらとイヌとの関連がふたたび浮かびあがってくるのである。

トリ

『今昔物語集』（一一二〇年ごろ）一一—二二にみえる本元興寺（飛鳥寺）縁起では、三種類のトリが会合する。説話の大すじはつぎのとおり。

丈六の釈迦如来像を収めるべき堂の創建が、古い槻の樹霊によって妨害される。ある僧が夜半、木の根もとで樹霊の会話を立ち聞きし、麻糸の注連縄、中臣祓の祝詞、および墨縄をもちいれば妨害行為が不可能になることを知った。やがてトリの声とともに樹霊の話がやむ。人びとは、僧が立ち聞きしたとおりの処置をした後、槻の木を切りたおした。そのとき梢からヤマドリの大きさのトリが五〜六羽飛び去った。

この説話におもてむき登場するトリは、以上二種類であるが、丈六釈迦を製作し、これを御堂に巧妙に収容したのは、『日本書紀』（七二〇年）推古紀によれば鞍作鳥である。ついでながら『今昔物語集』のおなじ巻の一五に元興寺縁起の異話が載せられており、これにもトリの話がつきまとって離れない。同寺の弥勒菩薩像が天竺から新羅へ、さらに日本へと転移していくいきさつが、一五話の主部を占める。新羅滞留期の終りちかく、寺堂のそばに見なれないトリが現われ、海の波が押しよせてくる。僧は恐れて退散し、寺は無住になってしまう。この状況に乗じ、元明天皇の命を受けた天皇外戚の僧が海をこえて当地にいたり、弥勒像を盗み日本に持ち帰った。

鞍作鳥および新羅のトリは措くことにしよう。槻の木から去るトリは、樹霊の化身であろう。もうひとつ推測すると、それは土着の山神の可視的な姿であるのかも知れない。かりにこの推定があたっているならば、二二話は、『今昔物語集』にでてくる他の多くの説話とともに、土着の神が新興の仏に敗北投降していく物語のひとつだといえよう。

この考えをとると、例のヤマドリぐらいの大きさのトリは、ヤマドリそのものだということになる。ヤマドリが山神の分身だとする民話は、千葉徳爾（一九七五）によれば現在においても残存しており、またヤマドリ神聖視が俗化してうまれた怪異説話は、早川孝太郎（一九二五）、仁部富之助（一九四三）、千葉、松山義雄（一九七八）などにより紹介されている。さて新興勢力に圧倒された土着神は、非合法の物の怪へと転落し、暗夜にのみ秘密の会話をかわす自由を保つ。しかし自由の享有もトリの声とともに終り、彼らは警戒態勢にはいるのである。山神＝ヤマドリにとって心やすらかな時刻の終了を宣告するトリが、ニワトリであることは言うまでもない。こうして、ヤマドリとニワトリの拮抗が、奈良―平安時代の人びとの意識と思想を象徴しており、物部・蘇我・中臣ら有力氏族のあいだの対立も、いくぶんかはこれに反映していると見てよいだろう。

ここでヤマドリは日本の自然に密着したままの土着神に殉じ、ニワトリは自然ばなれした外来の普遍宗教・仏教のがわについた。ところで現実の世界において、ヤマドリとニワトリが争うことがあるだろうか。仁部はその争闘のありさまを、一部推測をまじえながら報告している。彼によれば、冬にはいり餌の不足が深刻になったとき、ヤマドリがニワトリ小屋を襲い餌をうばうという事件が発生した。ニワトリは縮みあがりヤマドリに威圧されてしまう。飛翔力ひとつ比較しても、生命力の逞しさにおいて前者は後者の敵ではない。しかしヤマドリの勝利は、ニワトリへの人びとの庇護が中断した間隙をつくことによって可能になったのであり、非力のニワトリも、ふだんは時を告げる知恵のおかげで人と同盟をむすび、みずからを護る。

ニワトリは時を告げるだけでなく、より広く吉凶を予報する。たとえば地中の黄金の存在を知らせる。ただしこの機能は、他の家畜たとえばイヌにも分有されていることは言うまでもない。ニワトリの特徴は、自身を黄金に化して発見者を富ませることにある。ではなぜ金塊は、ニワトリの形態を示すのか。

少なからぬ日本の説話がそうであるように、黄金のニワトリにもインド種《だね》、中国種《だね》の要素がふくまれている。南方熊楠（一九二一）によれば、インドにおいてすでに黄金でニワトリ像をつくる習慣があった。もともとニワトリの家禽化は紀元前二五〇〇年ごろ他ならぬインドではじまったらしい。そして当初の家禽化の目的は食用ではなく、闘鶏用をのぞくと夜明けを告げる聖鳥としての利用であった。そのように加茂儀一（一九七三）は述べている。金鶏の製作はニワトリの聖鳥視と関連があるだろう。

中国にニワトリが伝わったのは紀元前一七〇〇年ごろであるが、この国でも独自の金鶏伝承がうまれた。諸橋轍次（一九六八）いわく、中国において金鶏はニワトリの美称であるが、また金鶏星として天上界にあったものが地上に降りてニワトリが誕生したとも伝えられている。

日本においては、さきに記した地下埋蔵の金鶏伝説が広く分布している。話の内容にさまざまな変異があるなかで、資産家あるいは金鉱の採掘者が黄金のニワトリを地中に埋めた、という点で各地の伝説はほぼ共通している。この伝説の発生に、上記インド種、中国種の影響があったことは否定できないだろう。しかしそれだけではなく、南方は、古く日本においてもインドのばあいと似た事情でニワトリは神鳥とされ、伊勢・熱田等で飼われた、と指摘している。さらに南方は、太陽崇拝と関連して金鶏がつくられ、またニワトリ合せの機会に黄金のニワトリが余興として出品されたこともあろう、と推察している。これらの習俗が発展して、財宝を金鶏のかたちで保有する風習がはじまり、それが財物埋蔵の伝説とむすびついて金鶏の説話が生じたと考えてよいかも知れない。

第二の、べつの説明をとる余地もある。一般に、隠された金銀財宝は発見されるのを待ちこがれている。現在残存する「宝化物」型の昔話は、その事例の宝庫である。その一例。男が古寺に泊ると、夜半に化物が出現し「自分は黄金の霊だが誰も寄りつかなくて世に出られず、苦しんできた。はやく掘りだしてくれ」と依頼する。「おぶさり宝」型の昔話にも、人びとに存在を知られようという黄金の欲求がいかに強いかを物語る例が多い。男が山道を歩いていると、森のかげに光り物が出て「おぶさりたい。おぶさりたい」と言う。男がこれを背負って帰り、あらためて見れば大判・小判であった。この型の昔話の変種に、光り物の役割をトリまたはトリのようなものが演じるケースがある。この変種においては、トリは黄金の霊の可視形態なのであろう。ただしこのトリがどのようなトリであるかは明らかでなく、少なくともニワトリではない。なぜなら黄金がおぶさる場所は、ニワトリが生息しそうにない山または畠である。あるいはヤマドリであろうか。

日本にかぎらないが、トリを人の霊魂の象徴またはその運搬者とみる伝承は広く分布している（碓井益雄、一九八二）。日本の例をあげよう。ウマに草をたべさせに行った男の子がウマを見失い、継母から叱られる。夜どおしウマを探して疲れきった男の子は野原にねてしまい、彼の魂は凝りかたまってトリとなった。これがウマオイドリである。

空にかけあがるトリのようすが、霊魂浮上の説明として適切であることは言うまでもない。ところが、ほとんど飛べないトリがある。もちろんそれはニワトリである。埋もれた黄金は重い。その霊魂もまた軽からず、ようやく地表に抜けいでうるのみである。ニワトリが黄金の霊を代表し、したがって黄金自身をニワトリに似せるのは論理的必然ではないか。

そう言いたいところだが、この仮説をうらづける証拠はほとんどない。「宝化物」や「おぶさり宝」の妖怪がニワトリの姿で出現した例話があれば都合がよい。せめて黄金としての正体を露わしたとき、それが金鶏であったという話はないだろうか。残念ながら私が知るかぎりでは、否定的な答しか返ってこない。ただひとつ北安曇の北小谷村に、つぎのような昔話が伝えられている。

ある男が芋掘りに行き、黄金を発見した。ところがその黄金は、ニワトリと化し越後能生へと飛び去る。この昔話において、黄金の霊はニワトリの形で姿をあらわす。けれども、ニワトリの飛翔力の弱さを根拠とした上記の仮説と越後能生へ飛ぶニワトリのイメージは矛盾するだろう。

だがこの昔話は、第三の仮説を示唆しているのかも知れない。北小谷と能生をむすぶ線を北東に延長すると、その先に佐渡が位置する。安曇野に埋蔵された黄金は故郷の山をめざした。松浦《まつら》静山《せいざん》（『甲子夜話』続篇、一九世紀前半、一三一六八）および柳田国男（一九一〇a）が報告しているように、黄金を人びとにもたらす山神を祭るため金鶏を埋めた、という伝説が存在する。しかし山神とニワトリのつながりはやや不自然であろう。冒頭の話題にもどるが、山神の眷族でニワトリに似たトリはヤマドリでなければならない。柳田（執筆年不明、一九六九刊）はこの件について、ヤマドリは山に棲むニワトリとみなされ、両者が混交することがあったのだろう、と想像した。

最後に、残された紙幅でニワトリ妖怪譚にふれておきたい。妖怪としてのニワトリは、聖鳥、金鶏星、神鳥としてのニワトリの凋落態である。「化物寺」の昔話に出てくる三足または隻眼のニワトリは、あきらかに中国種。古く干宝の『捜神記』（四世紀なかば）にすでに「化物寺」と同型の「サソリと雄トリと雌ブタ」が見られ、「三本足のカラス」の怪異も語られている。南方によれば、中国の三十六禽ではカラスはニワトリに属しているとか。

シカ

関東の唱導者のなかで育ったと思われる『神道集』（一三五〇年ごろ）に、「諏訪縁起の事」が収められている。この説話によれば、甲賀の地頭甲賀権守訪胤の子、甲賀三郎諏方とその妻春日姫が、諏訪大明神の前身である。なお系譜上、三郎の母は春日権守の娘、したがって三郎は春日権守の孫にあたる。そして春日姫もまた、春日権守の孫とされる。

さて説話の途中から紹介しよう。三郎は天狗にさらわれた春日姫を追ってたずね歩く道すがら、維縵国に立ち寄る。この国の人びとの主要な日課はシカ狩りであった。三郎は維縵国の王から千頭のシカの生肝を集めた餅をもらい、その力で飢えることなく日本に戻ったのである。三郎はさらに、近江国の兵主大明神の手引きにより、三笠山中にかくれていた春日姫に会うことができた。以後、一部経過を省略するが、最後には、三郎夫妻は兵主大明神に要請され、信濃国に立ち諏訪大明神として出現した。諏訪大明神は、維縵国での狩の習慣にならい、狩庭を大切にする。

この説話からうかがい知れるように、中世においてすでに、諏訪の神は狩を好みシカの肉をよろこぶという伝説がひろがっていた。今日でも諏訪明神は狩猟の神とされ、松山義雄

（一九七七b）によれば、例祭には七五頭のシカの頭を進ぜる風がある。諏訪明神にかぎらず、山の神にシカを供える慣習は各地で知られている。そのばあい、神の好みにあわせてシカの身体から抜きとられる部分は、心臓・肝臓・膵臓のような内臓のほかは、耳と舌である。

ここでまず想起されるのは、耳を切られたシカにかんする柳田国男（一九二七）の意見であろう。彼は、多くの地方にのこる耳切れシカの伝承は生贄の風習のなごりであり、生贄用のシカの目印として耳が切られた、と主張する。つまり柳田説から演繹すると、その欠失が標識なのだから、耳じたいは神への供犠の対象にならない。したがってこの伝承は、山の神へ耳を供える慣わしと無関係だ、ということになってしまう。しかしシカの耳のような特殊な話題をめぐる二つの民俗が、無関係だとは考えにくい。

耳切れシカ、あるいは耳裂けシカは、人の手にかからなくても自然状態で、かなり多く見られるらしい。川村俊蔵（一九五七）は、奈良公園のシカについて、耳切れ、耳裂けをそれぞれ一頭、三頭報告している。そのうち雄シカの傷は、生殖期の闘争によって生じた。このような耳切れシカ、耳裂けシカの観察および耳を山の神に供える習俗が二次的に、贄シカの耳切りを誘発したのかも知れない。切られるのは左耳である、という柳田の指摘そのものが、私の仮説を支持するのではないか。なぜなら、日本の民俗では左が聖なる側だから、左耳を神にささげる選択は理にかなっている。

心臓・肝臓・膵臓がシカの生命をつかさどる根元とみなされ、神に還されるのは了解できるとして、耳と舌がなぜ選ばれるのだろう。耳と舌は体外に突出していて、分離しやすいという利点は否定できない。イノシシの尾や鼻を供える地方があるという事実は、その傍証になる。けれども、それだけで耳と舌の特殊性を説明しつくせるとは思えない。柳田は、生贄の目印に耳がえらばれたのは、シカの感情が耳で表現され、神秘な印象を人びとに与えるからだ、と述べている。この柳田の主張は、耳そのものが積極的に生贄に用いられたことを強調する立場においても、摂取できるだろう。むしろ、神秘な部分を神にわりあてた、と考えたほうが筋道がとおる。

では舌はどうなるか。話がとぶが『播磨国風土記』(七一五年ごろ)の宍禾郡《しさわのこおり》の項に、イワの大神が遊行しているとき大きなシカが舌をだしてくるのに会った、と書かれている。おなじく賀毛郡の項にも、狩をしていた応神天皇が、白シカが自分の舌をかみながら来るのに出会った、という記載がある。疾走したのちのシカは、大きく息をはずませてだらりと舌をたれる、と川村は描写しており、そのようすの観察が『播磨国風土記』の記事に反映しているのだろう。けれども、シカの舌にそれ以上のなんらかの象徴が託されているのでなければ、地主神や伝説的な帝王との遭遇がわざわざ記録されたりはしない。舌と耳は、シカに宿る山神の霊が音を発受するときの、そしてけっきょくは神霊そのものが往き帰るときの、出口と入口ではないか。固有名詞をたてまつられるほどには野性を脱していない山の神が、支配者と豪族の力で体制化された神、応神とイワ大神と出会って、なんらかのサインを発した事件が、さきの記載に示されているのではないか。

山の神は、体制化された神と応答するだけでなく、一般の人びととも意思の疎通の機会をもつ。舌と耳の供犠は、神の出現の物的象徴を人びとの食欲の対象からはずして、神に返却する行為でもあるのではないか。

『播磨国風土記』には、シカについて舌の話よりもっと有名な説話が伝えられている。イワ大神の妻、タマツヒメが、生きているシカの腹をさき、その血にイネを播いて一夜のうちに苗をえた、と讃容郡《さよのこおり》の項にある。この伝説をおもいおこさせる行事が現在でも残存している。小野重朗(一九六四)、千葉徳爾(一九六九、一九七五)および松山によれば、大隅と中部の山地にはシバマツリ・シャチマツリ・シカウチなどとよばれる祭礼がおこなわれており、この祭りではわらや樹枝を材料にしてシカがつくられ、その腹部にコメ・餅・アズキなどがつめこまれる。祭司が模型のシカを射たあと、腹中のなかみが取りだされて一同に配分される。この狩猟儀礼ののちに農耕儀礼が接続する例もみられ、そのばあいはシカからとったコメを田植のときに播いたり供えたりする。

農耕儀礼をともなうと否とにかかわらず、シバマツリ等の行事は、動物から植物に生命力を転移する呪術であろう。生命力の転移は、山の神の保証なしには成功しえない。松山の報告では、シカの内臓は人びとの手にわたるが、耳と舌は神に供えられる。かくて山の神が田の神を兼ねる伝統は、シバマツリにも生きており、農耕は狩猟の顔をたてながら営まれてきたのであった。

シカは一方では神の生贄とされ、他方では鹿島や春日の例で知られるとおり神使とみなされている。シカにたいする日本人の宗教的な感情と行動には、このような拮抗する二面が存在した。しかし供犠に用いられるとしても、神使として崇められるとしても、他の野獣とちがった特徴によってそのような選択がなされたであろう。気だかい姿、賢い眼（柳田）、雄シカの大きな角、優美な体形、速い足（千葉）、豊かな表情、明瞭な身振りと音声（川村）のような個性が、人びとに強い感銘をあたえたことは容易に想像できる。それと並び称せられるイノシシよりも、シカはこうして格上であった。人もどきのサル、怜悧なキツネ、強力なオオカミ、異形のヘビ、空とぶヤマドリなどの山神としての優越点にたいし、シカの特徴は総じて言えば優しさと雄の角だろう。

やさしさは人なつっこさに裏づけられている。神使とみなされた野生哺乳類のなかで、シカはほとんど唯一、古くから餌づけされた動物であった。柳田は、贄として神用に指定され隔離されたシカが春日のシカの起源だろう、と主張し、川村は、春日に参詣する貴人が野生シカを見て喜ぶので、土地の人びとがそれを馴致したのだろう、と推測している。いずれにせよ人になじみやすい性質がなければ、シカはなかば家畜的な神使としての身分を確立しえなかったはずである。

角について言うと、直良信夫（一九四一）にしたがえば、先史時代にすでに、日本に住んでいた人びとは、変形角を呪術的に利用していたらしい。千葉は、シカの角が年々新しく生まれかわり、分岐して長大になっていくようすに、私たちの祖先が生命力の象徴を感じとっていたのではないか、と述べている。

景山春樹（一九七八）が紹介しているように、一二世紀ごろからの春日曼荼羅には、神が依りつく霊木をシカの背に立てた像がえがかれる。他の動物ではこのような例を知らない。おそらくシカの角と樹木との連想から、霊木がシカに接着したのであろう。ちなみに両者の連想の一例をあげておく。『古事記』（七一二年）安康記に、シカの「ささげたる角は枯樹のごとし」。『日本書紀』（七二〇年）雄略紀では「枯樹」のかわりに「枯樹の末」と形容される。

さきに記したシカにかんする行動と感情の二面性が、なんらかの形で相互にからみあっていることは、まちがいないであろう。まず現在なされている山の神へのシカの供犠、耳と舌の神への返還は、私の仮説が正しければ、神使としてのシカの扱いとなんとか両立しうる。シカが神獣であるからこそ、その身体のうちとくに神霊と由縁ふかい部分を還すのである。もちろん他の部分は人びとの分けまえとして確保される。それゆえ、シカの神聖視とほんとうに矛盾するのは犠牲ではなく食肉であり、中部山間の猟師はこの矛盾をうまく解決してみせたことになる。なお、神使としてのシカの起源を供犠用のシカにもとめる柳田説からみても、シカ処遇の二面が両立することは言うまでもない。

冒頭にあげた『神道集』において、諏訪明神の前身、甲賀三郎と春日姫はいずれも春日に縁がある。三郎を春日姫との再会にみちびき、彼と彼女を信濃国に神として出現させたのは兵主大明神であるが、これを祀る兵主神社は春日の末社であり、同時に諏訪神社とも関連する。三郎はシカを保護する春日に発し、甲賀をへ、諏訪に定着してシカを喰う。中世の人びとの意識においても、神使としてうやまわれるシカと生贄として殺戮の対象となるシカとが融和されようとしていたのである。

イヌ

イヌの基本的なイメージは忠実である。つまり人の従者として彼をよく守り、めざす場所にみちびく。獲物や敵とたたかうときには、主人の命にしたがい身を挺する。しかし本項においては、イヌのこのような役柄にそぐわないひとつの説話をまずかかげよう。

『日本法華験記』(鎮源、一〇四〇年ごろ)上―三五は、理満法師について記す。ある夜理満は、自分が死して野に放置され、千万のイヌに喰われる夢をみた。しかも彼は、夢のなかで死体のかたわらに立ち、経過の始終を観察していた。これは異常な夢である。ただし僧が、みずからの死体解体の結末を夢にみた記録は、これが最初のものではない。『日本霊異記』(八二〇年ごろ)下―三八には、著者・景戒自身の屍が火葬される夢が記録されている。このばあいも夢中の景戒は、死体が焼かれているそばに立っていた。そして彼は、この夢が吉兆であると考えた。

景戒の夢の解釈については、国文学者のあいだに諸説あるようだが、道照や行基の死体が荼毗にふせられたという知識が、二人の先達を尊敬する景戒の心を動かし、この夢を吉兆と理解させた、とする説が有力である。平安時代の僧侶にとって、仏教とともに渡来した火葬によりほうむられる夢は、吉兆でありえただろう。しかし死体が野放しにされ、イヌに喰い荒されるのが、彼らの本懐だったとは考えにくい。そこで『日本法華験記』の理満の夢にもどると、自分の死体にそう彼は、空よりひびく声をきく。「これ実のイヌにあらず。皆これ権化にして、祇園精舎に法を聴きし衆なり。聖人に結縁せむがために、変じてイヌの身となりたるのみ」。夢さめた理満は、ますます精進にはげんだ。

それにしても理満は、なぜこのような妙な夢を見たのであろうか。考えうるいくつかの要因をあげよう。まず中古・中世には、俗世から完全に離脱し、深山に独居して誦経に専念し、死しても骨を枯れるにまかせようと覚悟した隠者たちがいた。『日本法華験記』にも上―一八の蓮寂など、いくつかの例が記されている。したがって死屍を野にさらす理満の夢は、彼に覚悟をうながす示唆であったかも知れない。あるいは本人はその道を選ばないとしても、極楽往生を期して勇気ある生き方を選択した先覚にたいする嘆仰の思いをあらわしたのか。

ごく最近まで、村や都会において固定した飼主をもつイヌは比較的少なかったようである（柳田国男、一九三三b・岡田章雄、一九八〇・塚本学、一九八三）。このイヌどもは、機会にめぐまれれば人の死肉にたかり、それを喰った（柳田、一九三九a・塚本）。文献においても『日本書紀』（七二〇年）斉明五年（六五九）、出雲の言屋社でイヌが人の手臂をかじったとの記録にはじまり、その類の報告は数多い。とくに『日本往生極楽記』（慶滋保胤《よししげのやすたね》、九八五年ごろ）二二には、教信という妻子もちの沙弥が死後イヌに喰われたが、極楽に往生したと述べられている。鎮源が上—三五の説話を構成したとき、『日本往生極楽記』二二の影響をうけた可能性は否定できないだろう。あるいは理満（一〇世紀）自身が教信（九世紀）の伝を知っていて、それが夢に特殊な表現をあたえたのかも知れない。

理満の夢のあとひとつの要因は、釈迦の説法をきいた聴衆たちとの結縁である。聴衆たちが、なんらかの動物により象徴されなければならないとすれば、どのような動物がふさわしいだろうか。それがイヌでなければならない理由はない。しかしイヌは有力な候補であったろう。なぜなら、人の従者であるというイヌの属性は、ここでは釈迦の忠実な弟子という形に変用される。『今昔物語集』（一一二〇年ごろ）一九—二には文殊菩薩がイヌをつれて出現する。

如来、菩薩の従者・弟子がイヌの姿をとりうるとすると、人跡たえた山中に死屍をさらし、イヌに喰われることを厭わない深山独修の聖人への畏敬と、釈迦の弟子であろうとのぞむ願いが、理満の夢のなかで融けあったとは言えないだろうか。ここには人の忠実な従者としてのイヌのイメージのほか、山と里のあいだを自由に往き来し、「一面は人と接し、他の一面は山の同類の社会とも聯絡をとっていた」（柳田、一九三三b）イヌの観念も混交している。

古く日本人にとって、海彼と深山は他界であった。なかでも山神と異類が支配する山と、人びとが住む里のあいだの連絡は、主として動物の役割だったと思われる。山のほうから人里に近づくシカとサル、キツネとヘビ、さまざまなトリもその任に堪えた。けれども山と里の両方に本拠をもつネズミとイヌもまた、適任者であったろう。山住みのイヌは野生のイヌだけでなく、オオカミ、ばあいによってはキツネでもある。一方、海彼の他界信仰はしだいに陸水他界の信仰に転換する（柳田、一九六〇）。私はこの現象を陸封とよんでいる（中村禎里、一九八四）が、山中他界と陸封された水の他界が重なり、山川の上流の彼方に他界の存在が想定されるにいたった。かくて上流から流れ降りてきた動物や植物が、村の人びとに新しい生命と活力をもたらす、という信仰が誕生した。桃太郎のお伽噺はそのもっとも著名な例である。

他界のイヌが登場する昔話に、「カモ取爺」と「花咲爺」が知られている。前者の典型例はつぎのとおり。上の爺と下の爺が川にヤナをかけていると、上の爺のヤナにイヌが入った。上の爺は下の爺のヤナにかかったサカナを奪い、かわりにイヌを入れておいた。そのうち下の爺がイヌをつれて猟に行くと獲物がたくさんとれる。上の爺もイヌを借りて猟にでかけたが、獲物がないのでイヌを殺して埋めてしまう。

以下の展開はお伽噺の「花咲爺」に似ているので省略するが、昔話の「花咲爺」の発端も、お伽噺とちがって、イヌを入れた箱が川上から流れてくる事件であった。要するにいずれも、川上から流れついたイヌが善良な爺に富と幸福をもたらす話である。なお「竜宮童子」の昔話においては、他界の陸封が解除されて、イヌは陸生動物に不相応な海神の賜物として、黄金を産む。

以上、人の世界と他界の両方に属するイヌの両面性について述べた。しかしイヌの基本的属性はあくまで人の従者である。「カモ取爺」「花咲爺」「竜宮童子」においても、さいごにはイヌは人に属し、彼に奉仕した事実を見おとしてはならない。

イヌは他界、神の世界、異類界にも通じているから、人には認知しがたい人界外の異常にいちはやく気がつき、この力も飼主である人に利益する。イヌの認知能力は、その感覚・行動の生理を反映し、狩猟・防備・先導の活動に関連していることは言うまでもない。

イヌが人界外の異常を嗅ぎつけた説話のもっともありふれた例は、『今昔物語集』二九―三二に初出し、現在の昔話にも残るつぎの話であろう。ある猟師がイヌをつれて深い山に入り、夜になって休んだ。するとイヌがけたたましく吠える。猟師は不審に思い、あたりを見まわすが何の異常もない。にもかかわらずイヌは吠えつづけ、ついには猟師にとびかかって吠える。猟師はイヌが彼に危害をくわえようとするのだと誤解し、これを斬ろうとした。そのときイヌは木の上にむかいとびあがって何かに喰いついた。見ると大きなヘビが猟師を呑もうと上からうかがっていたのである。

以上は『今昔物語集』二九―三二の要約だが、近世の『諸国里人談』（菊岡《きくおか》沾涼《せんりょう》、一七四三年）一―一二や現行の昔話では、猟師がじっさいイヌの首を切ってしまい、その首がとんでヘビに喰いつくことになっている。

イヌの異常察知能力は、さらにさまざまな怪異を感じとり攻撃する辟邪の力の形をもとりうる。『曽呂利物語』（一六六三年）二―一では鬼を、『耳袋』（根岸鎮衛《ねぎしやすもり》、一八一四年）四―三二では疱瘡神を、飼いイヌがしりぞけた。人為の呪物を発見した例も知られている。『宇治拾遺物語』（一二〇〇年ごろ）一四―一〇がそれである。藤原道長が法成寺の門を入ろうとすると、彼の飼いイヌが前に立ちふさがるように吠えるので、安倍晴明をよび占わせた。晴明は、道長を害しようとする呪物がそこに埋めてあると告げた。また『日本霊異記』上―二以来の、人に化けたキツネ・タヌキなどの正体を見破るイヌの働きも、警護・辟邪能力の変形だとも言えよう。

イヌの辟邪能力は、近世においてはマジナイに応用された。小児誕生のさい魔障をしりぞけるために、イヌ箱・イヌ張子をそばに置く習慣があり、また小児の額に紅脂で「犬」の字を書くと魔除けになる、とされた（伊勢貞丈『貞丈雑記』八―一六、一八世紀後半）。前者は、イヌの安産にあやかろうという俗信にも関係しているだろう。

イヌは人に忠実に仕えるかぎりは信頼され、愛される。しかし忠実であるがゆえに、見くびられもしてしまう。イヌへの転生説話は『日本霊異記』上―三〇など古くから知られていたが、これは人が疎外された状態の象徴である。中世・近世においては、イヌ追物の対象、タカの餌としてあつかわれ（塚本）、また「物の相似て賤き物をイヌと云。イヌタデ、イヌサンショウ……」（貝原益軒『大和本草』六、一七〇九年）と指摘された。もっともイヌが蔑称として用いられた時期は古くまでさかのぼりうるらしく、『古今著聞集』（橘成季、一二五四年）一五―五〇五には、頼朝の家に参じた三浦介義村と千葉介胤綱が、たがいに「下総イヌ」「三浦イヌ」と罵りあったと書かれている。

タヌキ

「かちかち山」の昔話の起源は、確実なところでは、近世一八世紀に出た赤本『兎大手柄』までさかのぼることができる。その粗すじはつぎのようである。

むかしむかし爺が山に畠打ちに行き、婆がつくってくれた団子を食べていたが、それを穴に落してしまう。爺が団子をさがして穴を掘りすすめると、大きな古タヌキにでくわしたので、そのタヌキを捕えて家に持ち帰り、天井に吊るしておいた。爺が留守のとき、タヌキはムギ搗きの手伝いをしようと婆をだまし、縛をとかせ、杵で婆を殺した。婆汁をつくり婆に化けたタヌキは、帰ってきた爺に婆汁を食わせると、「婆食らいの爺め」と叫びながら逃げ去った(以下ウサギがタヌキを制裁する段が続く)。

『兎大手柄』よりまえ、一七世紀後半に『むぢなの敵討』と題する赤小本が出版されている。ここではタヌキがムジナに代っているほか、『兎大手柄』とほぼおなじ筋書きで話が進行するが、ムジナが爺に婆汁を食わせる段以後は欠となっている。いずれにせよ『むぢなの敵討』の題名からみて、ウサギの義侠はまだ出現していなかったのであろう。

柳田国男(一九三五)によれば、「かちかち山」は三つの話の合成である。その第一はタヌキが山で爺をからかう段、第二は捕えられたタヌキが婆を惨殺する段、第三はウサギが仇を討ってタヌキを成敗する段である。赤小本・赤本では穴にころがり落ちた団子をタヌキが手に入れることになっているが、現在残っている昔話では、たとえば爺が山畠に出かけ「一粒は千粒になあれ」と言いながら種を播いていると、タヌキが出てきて「一粒は一粒のままよ」などとからかう。どちらが古形であるか判断しがたいが、前者は昔話「ネズミの浄土」の発端と同一である。

「ネズミの浄土」のネズミと『むぢなの敵討』等のムジナ・タヌキは、供饌をもとめる山神の末路を示すのかも知れないし、また柳田（一九六〇）が主張するように、海彼の他界の出身であったネズミが地下に他界を転換したのだとすれば、上記のネズミ・ムジナ・タヌキが陸封された海神の要素をもとどめていないとも言えない。

さて現在の昔話について言うと、第一段のタヌキには悪意よりは剽軽な性格がめだつ。ところが第二段に入ると、タヌキは突然狡猾・残忍な動物に急変する。そして第三段では愚かなお人好しとしてふるまう。タヌキのこの三つの性質はほとんど両立しない。柳田説にまちがいはないだろう。『むぢなの敵討』・『兎大手柄』および「かちかち山」の異同照合も、これを傍証する。これに加えて私は、各段の主人公であるタヌキは、じつはたがいに別種の動物のイメージを代表している、と主張したい。

中国における狸がすでに動物学上単一の動物を指すとは思われない。『古事類苑』動物部

（一九一〇年）の狸の項は、諸文献を引いて狸の名義を明らかにしようとしているが、これから孫引きすると、狸は『爾雅翼』（羅願、一一七四年）によればキツネの類でヒョウに似る。また『本草衍義』（寇宗奭《こうそうせき》、一一一六年）および『本草綱目』（李時珍、一五九〇年）において狸はネコに近い。これらの論拠にもとづき、久米邦武（一九一八）、相馬由也（一九一八）および日野巌（一九二六）は、狸は日本語のネコに相当すると断じた。しかしこの動物は野獣であるから、中国において狸とは、ヤマネコを中核とする野生中型哺乳類の漠たる呼称だったようである。池田啓（一九八五）も、現代の中国動物名を調査し、狸はジャコウネコ類を中心にネコ的な動物の総称として使われていた、と述べている。

つぎに日本の鎌倉時代までの狸の訓をしらべると、『日本霊異記』興福寺本（九〇四年写）でネコ、『本草和名』（深根輔仁、九二〇年ごろ）でタタケ、『倭名類聚抄』（源順、九三〇年ごろ）でタヌキ、『類聚名義抄』（一二世紀）でタヌキ・タタケ・イタチ・野ネコ等、『伊呂波字類抄』（橘忠兼、一一八〇年ごろ）でタヌキ・タタケ、『八雲御抄』（順徳天皇、一二二一年、『古事類苑』による）でクサイナギ・タヌキ等、『古今著聞集』（橘成季、一二五四年）でタヌキ。

こうしてみると、日本においても狸がネコ的な要素を残留し、包括していたことは疑いえない。しかし同時に、狸をネコに限定することも不可能である。それはタヌキでもあり、イタチでもクサイナギでもあった。クサイナギは、『本草和名』・『倭名類聚抄』・『類聚名義抄』・『伊呂波字類抄』においては、野猪の訓となっている。

　私の考えでは、中国においてだけでなく初期の日本においても、狸はネコ的な中型野生哺乳類を意味し（中村禎里、一九八四）、ときには家ネコと対立しつつ、多少はこれとも混同されたのである。だから野生化した飼いネコ・タヌキ・アナグマ・テン・イタチ・ハクビシン・子イノシシなどが、狸の名称にまぎれこんだと言える。

　そこで「かちかち山」の話にもどる。多くの人が指摘するように、キツネにくらべるとタヌキにおいては、化けかた、人への接しかたがユーモラスで（井上友治、一九八〇）、俳味を有し（日野）、馬脚を露出しやすい（柳田、一九一八）。この性格は第一段のタヌキの言動によく合致する。第二段では婆を殺すが、「鍛冶屋の婆」の昔話ではネコが老婆を殺害してそれに化ける。第二段のタヌキは、ネコの要素を併有しているようだ。ただしこのタヌキについて、べつの解釈もなりたつが、それは後に述べる。第三段のタヌキの愚鈍は、イノシシの要素を示唆する。『今昔物語集』（一一一〇年ごろ）二〇―一三、二七―三四・三五・三六は、野猪が人にいたずらをはたらき、かえって殺されてしまうという共通の筋書きをもつ。またそのいずれにおいても、「由なき命を亡ぼすなり」とか「益なきわざして死ぬる奴かな」などの論評が付せられ、野猪の間抜けぶりが嘲笑されている。千葉徳爾（一九七五）は、この野猪はじつはタヌキではないかと推定しているが、私見はイノシシの項で述べる。

　思うに、日本の狸はもともと観念の上で案出された動物範疇だったのではないか。里のイヌにたいし、山のイヌとしてキツネ（またはオオカミ）が存在する。一方、里においてはイヌとネコが対をなして人に飼われている。それゆえ、山においてもイヌ的存在と対をなすネコ的存在が生息していなければならない。そのネコ的存在が狸だったのだろう。そして数種類の野生哺乳類がこの範疇におしこめられた。

この狸がその後現実と接触をふかめるなかで、特定の動物と結合をつよめていく。その過程でネコ・イノシシなどの要素は排除されタヌキが残ったのは、イヌ的なキツネと対を組むのにもっともふさわしいのがタヌキだったからであろう。かくて狸は、近世にちかづくにつれてタヌキへと純化され、狸の訓として定着したタヌキの表記がムジナの表記を圧迫するにいたった。かくて誕生した昔話や世間話のタヌキは、かつての狸の諸要素をいくぶん吸収同化したと思われる。

さて山にすむイヌとしてのキツネがそうであったように、タヌキもまた山の神あるいはその使者の役割をいちぶ担いえたはずである。一方、キツネが中国の狐妖譚の影響をうけ女性としての面を顕著に示すとともに、キツネと対をなすタヌキは男性を誇示するようになった。タヌキの陰嚢八畳敷の起源について諸説あるが、それは何よりもタヌキの男性の象徴でなければならない。『古事記』（七一二年）・『日本書紀』（七二〇年）の時代、山の神は原則として男性であった。キツネの女性はこの伝統からの逸脱であり、女性の山の神信仰もまた後世的な変化の結果とみなせよう。したがってタヌキの男性は古来の伝統への復帰現象である。

タヌキの復古性は、それと畠作とのむすびつきにもあらわれている。ヘビとキツネは山の神の展開形態としての田の神に癒合した。「かちかち山」のタヌキは、おおむね爺の畠仕事を揶揄する。そして山の神の展開のなかで、（焼）畠の神のほうが田の神より古い。

話は変るが、「サル聟」のサルと「かちかち山」のタヌキは、地域によっては役割を他方にゆずる。つまり「かちかち山」でサルが爺をからかう型が知られており、逆に「サル聟」でタヌキまたはイノシシが娘を要求する型が存在する。しかも興味ぶかいことに、農夫がサルなどに娘をあたえる約束をしたきっかけの多くは、これらの動物が畠作とくに焼畑農耕に助力した出来事であった。水乞い型の「ヘビ聟」のヘビが、田への水引きを援助したのと対照的である。

タヌキは中世以後に活躍する妖異であるが、一面で古い山の神の機能のバトンをイノシシやサルから受けとったのかも知れない。したがって「かちかち山」第二段のタヌキはネコ的タヌキではなく、焼畑農耕時代、あるいはそれ以前の荒ぶる山神が衣裳がえした姿である可能性がすてられない。「鍛冶屋の婆」の怪ネコのほうが、狸範疇を介して荒ぶる山神の血液を移し入れられたとも言える。

ではタヌキの復古性はどこから来たか。ここでもキツネとの相関がはたらく。ヘビやイノシシのような古い山神が没落し、神は妖怪にかたむくことによってかろうじて生きながらえる時代になった。そのときキツネが先に水田のヘビを襲ったので、遅れてきたタヌキはおのずから焼畑のイノシシにむかったのであろう。

タヌキの怪異もキツネのばあいより新しく、柳田（一九一八）が指摘しているように、タヌキ妖怪譚の全盛期・近世はデモノロジーの末期にあたり、妖怪たちの力量は大いに衰えた。そのためタヌキの三枚目的な行動が目だつようになった。「かちかち山」の第一・第三段は、このような文脈でも理解できる。

イノシシ

お伽草子類の一篇『藤袋』（一六世紀なかば？）は、サル聟譚に属する最古の説話である。

むかし近江国のある翁が山で畠を打っていた。疲れたので「山のサルなりとも翁が畠をうちくれよかし」と独りごとを言った。するとこれを聞いていたサルが現われ、畠を打ち、娘を要求して去った。翁は泣く泣く娘を箱に入れ、後の山に埋めてサルを待つ。やがて例のサルが仲間とともに出現し、鍬で土を掘り、娘をとりだして拉致していった。サルは娘を山中の小屋に連れこんだが、彼女はうちとけたようすを示さない。そこでサルは、娘の歓心を買うため珍しい果物をもとめて山にでかけようと思うが、娘をとられるのが心配でならない。サルは彼女を藤袋に入れ、木の梢に結びつけておくことにした。そこに翁と媼、および猟師が到着し、猟師が藤袋を射落して娘を救いだし、彼女のかわりに「タノキくい」のイヌを入れておいた。サルが帰ってきて藤袋をあけると、イヌがとびだしサルの喉笛にかみつき、殺してしまった。娘は猟師と結婚した。

本項の話題の動物はイノシシだから、サル聟譚は場ちがいのようである。弁解がましいが、じつは脇役ながらイノシシも二回ほど登場する。第一回目はサルが娘を掘りだす段で、イノシシが土掘りの手伝いをさせられる。つぎにサルが山に果物をとりにでかけるとき、イノシシに乗ってゆく。イノシシはサルの部下のようである。

タヌキの項で、現行の「サル聟」昔話では、サル役をタヌキまたはイノシシが代演するケースがある、と指摘した。室町時代の『藤袋』におけるサルとイノシシの共演は、現行昔話の「サル聟」における両者の互換性とみあっていると言えよう。タヌキはどうか。『藤袋』でサル聟をかみ殺すイヌは、「タノキくい」のイヌである。タノキはもちろんタヌキ。かくて、タヌキを喰うイヌがサルを喰ったのだから、タヌキは『藤袋』においてもサルと互換性をもつことにならないか。

つぎに『藤袋』におけるイノシシの出現のしかたについて考察したい。この動物は、サルの指示にしたがい土を掘った。しかるにイノシシの土作業の例は、『藤袋』より四〇〇年以上前に著わされた三善為康の『拾遺往生伝』(一一一五年ごろ)にも見られる。その上—一六によれば、僧の源算が西山で道場をひらこうとしたが、岩石が多く地形も平らでなくて創建が困難であった。ある夕、夢のなかに異僧があらわれ「上人なげくことなかれ。単夫を与うべし」と申しでた。つぎの夜、イノシシが数千集って岩をうがち土を負った。翌朝見ると平坦な土地ができていた。

日吉山王の使者がサルであることは周知のとおり。『藤袋』の舞台も近江の山であった。石上七鞘(一九七三)が指摘するように、近江には日神・サル信仰が広がっていた。サルの項で述べた『日本霊異記』（八二〇年ごろ）のサル神、日吉のサル、『藤袋』のサル聟は、すべてこの文脈で統一的に理解されるべきだろう。

さて前記『拾遺往生伝』の説話で源算の夢にあらわれた僧は、僧形山神であろう。そうだとするとこの場合のイノシシは、山神の使者でなければならない。土仕事をするイノシシに指示をあたえたのは『拾遺往生伝』では山神、『藤袋』ではサル。しかも両者とも畿内の山に住す。論理的必然として、サルは山神、イノシシはその使者ということになる。『藤袋』においてサルがイノシシに騎乗するくだりについても、似たような解釈が可能である。たとえば『古社記』（一二三五年ごろ）によれば、春日の神が常陸の国から影向してきたとき、「御乗物はシカをもって御ウマとな」した。このばあい、乗られたシカは乗った神の使者である。また室町時代に成立したと思われる『赤城山の本地』において、赤城明神の前身・高野辺家成は死してヘビに乗り、わが娘を殺した後添いの妻、更科のかつら御前に岩石を投げ、彼女を粉砕した。ここでも赤城の神はその手先のヘビに乗る。『藤袋』に話をもどすと、この説話のなかに山神―サル―イノシシという位階関係を見いだすことは今や容易であろう。おもうに、近江の山神は、かつてサルでもありイノシシでもあった。地域的な変異の存在も可能だし、おなじ山に両者の信仰が並存していたかも知れない。ともかくも山神の動物形態が山神そのものではなく手先とみなされるにいたった時代にも、この地方ではサルのほうが優先的に山神に密着しえたのであろう。

ここでタヌキの項で保留にしておいた『今昔物語集』（一一一〇年ごろ）の野猪の正体についで検討しよう。その二〇―一三、二七―三四・三五・三六で野猪は人にいたずらをしかける。とくに二七―三六では人に化ける。千葉徳爾（一九七五）は、これらの野猪はじつはタヌキだと主張している。当時の野猪の訓・クサイナギは同時に狸の訓でもある。『今昔物語集』の野猪の行動は、愚鈍なタヌキをおもわせる。また現代にはイノシシが人を化かす伝承は残っていない。千葉の論拠は以上のようであった。

千葉説に有利な論拠を一つ追加すると、『今昔物語集』二〇―一三の野猪は、『宇治拾遺物語』（一二〇〇年ごろ）八―六では狸になっている。けれども『今昔物語集』の著者が「野猪」と表現している以上、彼の念頭にあったのがタヌキではなくイノシシであったことは疑いをいれない。タヌキの項で述べたとおり、狸は当初は特定の動物を指すのではなく、ある種の野生中型哺乳類の総称であり、しかも時代が下ると特定の動物種タヌキのみを意味するにいたった、と想定できる。混乱はここから発した。

日本語のタヌキの語源について諸説あるがその多くは省き、とりあえず二つの系統の見解を示す。第一は滝沢馬琴（一八一〇）の説であり、これによればタヌキは田猫または田の怪《ケ》の変形。第二は橘井葵陰（一九一八）および松村任三（一九二一）の主張で、それぞれ貒《タン》貉《カク》・貒狭《タンキ》をタヌキの語源とする。私は二系統のいずれかが正しいと考えているが、両説を融合した貒ネコ、貒の怪の可能性も棄てがたい。貒はもともと中国では狸の近縁、しかもイノシシに重点をおいた近縁である。貉は現在の日本語のタヌキに相当し、䝏は辞書類に検出できなかったが、松村によればやはりタヌキに似た動物である。私見では、むしろ豨《キ》（ブタ）のほうがよいかも知れない。

かくてイノシシ・タヌキ・アナグマ・野ネコなどを包摂して成立した日本語のタヌキが、やがて似たような意味をもっていた狸の訓とされるようになったのではないか。もしこの仮説が正しければ、怪異をあらわす野猪は、たとえば貓の怪でありタヌキであり、けっきょくは狸でもありえただろう。

話は変る。『拾遺往生伝』や『藤袋』をまたずとも、古来イノシシが山神またはその手先として出現する例は少なくない。とりあえず『古事記』（七一二年）景行記においてヤマトタケルの死の遠因となった伊吹山のイノシシ、同書雄略記で雄略天皇を木の上に追いあげた葛城山のイノシシ、『日本後紀』（藤原緒嗣他、八四一年）において病みおとろえた和気清麿を励まし、彼に先駆して山に入った宇佐のイノシシをあげることができよう。

そのなかにはイノシシが単身出現する例と群をなして活動するばあいがある。伊吹山と葛城山のイノシシは前者の代表であり、宇佐のイノシシは後者のほとんど最初の事例だろう。『日本後紀』では清麿をまもったイノシシの数は三〇〇であった。ところが『水鏡』（中山忠親、一二世紀後半）においてその数三万に激増し、『八幡愚童訓』（一三〇〇年ごろ）のイノシシは逆に一頭に減じるのはおもしろい。『拾遺往生伝』上―一六も群イノシシの例。また

『元亨釈書』（虎関師錬、一三二二年）五―一六によれば、高弁が法を修し夜になって堂を出たとき、西方にイノシシの群があって東にむかうのを見た。先頭のイノシシは背に大きな星を五個負っていた。

単身出現と群をなしての出現のちがいはどこから来るのだろうか。簡単にわりきれる分析は困難だが、一応つぎのように言えよう。イノシシが山神そのものである段階では、この動物は単身で姿をあらわす。一つの山を支配する神は単一だからである。しかしイノシシが神の使者にまでおちた段階では、神はこれを単身で登場させてもよいが、必要であれば何頭でも招集可能であろう。宇佐のイノシシについては清麿の守護霊説（肥後和男、一九四七・池田源太、一九七一、ただし前者は神使説を並記）もあり、さまざまな解釈が成立しうる。本項では二つほど仮説を提示しておこう。

イノシシが宇佐の山神またはその使者であった前歴が忘れられ、清麿のほうに付着してその守護霊とみなされるようになった。かくて『八幡愚童訓』のように時代が下る著述では、イノシシの群は姿を消し一頭だけが現われた。以上が一つの案である。あるいは『八幡愚童訓』のイノシシのほうがかえって宇佐の神の古形をとどめているのかも知れない。

小原秀雄（一九七〇b）によれば、イノシシはふつう四〇～五〇頭ほどの群をなす。ただし成獣の雄は繁殖期をのぞいて単独で生活する。したがって説話においてイノシシが単独で突進してきても、群集をなして行動しても、生物学的な事実には違反しない。もちろん『水鏡』の三万頭は誇張であるが。

イノシシの土作業は、おそらくノタウチおよび田畠で農作物を掘りかえす行動から発想されたのであろう。そのようすは、早川孝太郎（一九二六）、松山義雄（一九四三、一九七七a）、朝日稔（一九七七）などに詳しい。

ムシ

ムシを災の因とみなす思想は古くからあった。『延喜式』（九二七年）八所載の祝詞にムシを忌避する言葉が述べられている。たとえば大祓の祝詞における国津罪のひとつは「昆虫の災」であった。ここで昆虫の古訓は「はう虫」であり、ふつうその災はヘビ・ムカデなどの毒害を指すと注されている。

あるいは、『日本書紀』（七二〇年）神代紀に、オオクニヌシとスクナヒコナが協力し「鳥獣昆虫の災異」を攘うために、その禁厭の法を定めたとあり、これとの関連で大祓の「昆虫の災」もイネなど農作物への虫害だとみなす解釈も知られている。オオクニヌシとスクナヒコナは、農業の振興に功ある神であった。

人にたいする毒ムシの害や作物を荒らすムシの害を祝詞の「昆虫の災」から排除することはできないだろうが、人びとの念頭に主としてあったのは別種の災厄だったのではないだろうか。虫害説に難癖をつけるならば、農作物を侵すのはムシだけではない。害鳥も害獣もいるだろう。イノシシやシカの害が無視されたはずがない。現に神代紀においては「鳥獣昆虫の災異」が問題になっている。ところが大祓の国津罪の項目には「昆虫の災」のほか「高津鳥災」があげられているのに、野獣の害については記されていない。では「昆虫の災」「高津鳥災」が農作物にたいする禍のみを指すのでないとして、それは他になにを意味するのだろうか。

おなじ『延喜式』の、宮殿の平安をねがう大殿祭の祝詞のなかに、この疑問を解く手がかりがえられる。「大宮地の底つ磐根の極み、下つ綱ね、這う虫の禍なく、高天原は青雲のたなびく極み、天の血垂り飛ぶ鳥の禍なく……」。

この祝詞において「這う虫の禍」は「血垂り飛ぶ鳥の禍」と対になっている。血垂り飛ぶ鳥が忌まれる原因が、その餌からしたたり落ちる血のけがれだとしたら、ムシの災禍もなんらかのけがれを指していると受けとるべきだろう。それはヘビやムカデの生理的な毒作用ではない。かくてまた新たな疑問が生じる。這うムシの侵入がなぜけがれなのか。

まずムシの語源にふれる。貝原益軒（一六九九）、谷川士清（一八世紀後半）いらい有力な見解によると、ムシはむす（蒸・産）と同根で、自然発生をする小動物を意味していた。そこでムシの観念に、死体からむし出すウジムシのイメージが反映していると考えてよいだろう。

それにつけても思い出されるのは、源信の『往生要集』（九八五年）上―一・厭離穢土におけるムシの活躍ぶりである。開巻するといきなり、等活地獄の別処で金剛の嘴をもつムシが登場して、罪人の肉をはみ骨をくじき髄をすう。阿鼻地獄では五〇〇億のムシが火とともにに雨のごとく降る。けれども地獄ではシシ・トラ・オオカミ・キツネ・イヌ・トリ・ヘビなどが競って嗜虐性を発揮するから、この点でムシが特別だというわけではない。ムシの本領はほかにある。叫喚地獄では、罪人の身中にむし出たムシが彼らを飲み食う。さらに人道の項において、人身がいかに醜悪であるか縷々とのべたてられているが、ここでもムシが果たす役割はかなり大きい。人が生まれて八日たつと八万匹のムシが体内に発生し、身体各部を内側から腐蝕していく。人のまさに死なんとするときには、ムシどもが畏怖狂乱して共食いをはじめ、さいごには二匹のみが勝ちのこり七日間闘いつづけ、ついに一匹がチャンピオンの栄冠をえる。源信の注によれば、これがウジムシである。

つまり『往生要集』におけるムシの主たる役割は、人の出生時から死ぬ時まで、さらに死後においても、彼ら身中に生じてその内部からの崩壊をすすめ、生命の気《け》を枯れさせることにある。けがれを、穢らわしいという意味、または生命力の枯渇の意味のいずれに解しても、このようなムシの存在はけがれの極致だろう。

源信におけるムシの思想は、仏典に根拠をおいており、日本土着のものとは言いがたい。ただしウジムシの生態の経験にてらして、人びとに受け入れられやすい話ではあったろう。話がかわるが、古く日本ではヘビはムシに属さなかったと思われる。ふつうのヘビが卵生であることは当時すでに周知であり、自然発生するムシとみなされていたはずがない。しかし中国語の虫は、藤堂明保（一九八〇）によればヘビの象形文字であり、この中国語が蟲とともに日本語のムシを表記する習慣ができあがると、意味のうえから言ってもムシは虫・蟲を吸収しただろう。『延喜式』や『往生要集』が成立した一〇世紀には、ヘビはムシの一種であった。

『古事記』（七一二年）・『日本書紀』の時代になると、中央豪族において、ヘビは山神・水神・農耕神としての側面とならんで、怨霊の象徴としての側面を強化しはじめた。イザナミの死体にまといつく八つのイカズチは、彼女の死霊を象徴するヘビではないかと推定される（津田左右吉、一九一九、一九四八）。また三輪山のヘビ神はオオモノヌシ、すなわちモノ（鬼神）の総元締と解されるようになったが、この鬼神は、みずからの権力を奪った応神王朝にたたろうとする崇神系大王の怨霊だったのかも知れない（三谷栄一、一九七四）。なお『古事記』神代記のイザナミの死体にはイカズチとともにウジがうごめき、『日本書紀』神代紀第九の一書においてイカズチのみ、第六の一書ではウジのみが、彼女の死体にたかっている。これらの記述は、ヘビとムシとの関連で留意すべきであろう。

ヘビを怨霊の象徴とみなす伝統は、やがて中古にいたり、仏教の因果応報・輪廻転生の思想とむすびついた。そして『日本霊異記』（八二〇年ごろ）、とくに『日本法華験記』（一〇四〇年ごろ）以降の仏教説話において、悪行に走った人々の転生先として指定されたのは、主としてヘビであった。こうして、かつて神であったこの動物は、むしろ忌避されるべきけがれの象徴としての一面を示しはじめた。

一方ヘビはムシの一種であり、形態的にも昆虫の幼虫やミミズのようなムシと類似しているので、ヘビの性格は一部のムシに転移された可能性がある。中世の説話では、人が死後ムシに転生する例が少なくない。そしてヘビとおなじようにムシも祀られた。

古く『日本書紀』皇極紀に、常世虫と称するムシを拝する宗教がおこり、禁制される話がでている。『続日本紀』（藤原継縄・菅野真道他、七九七年）においても、宝亀一一年（七八〇）に「越前国丹生郡小虫の神を幣社となす」という記事がみられる。さらに同年、越前国の大虫神が従五位下に叙せられたかと思うと、延暦一〇年（七九一）にはたちまち従四位下に累進している。天平宝字元年（七五七）には駿河国の金刺麻自なる男が体に文字をあらわしたカイコを献じ、朝廷は大喜びをした。その文にいわく、「五月八日開下帝釈標知天皇命百年息」。その翌年大和国の神山に奇藤が生じ、ムシがその根につぎの一六字を彫る。「王大則并天下人此内任大平臣守昊命」。

ヘビが猛威をふるう『古事記』・『日本書紀』に記載された時代と、ムシの災禍が祓いの対象となり、不浄の象徴ともみなされた『延喜式』・『往生要集』の一〇世紀のあいだに、ムシの行動が人びとの注目をあつめた。このことは以上の記事から明らかであろう。

それは『日本書紀』・『続日本紀』・『日本後紀』（藤原緒嗣他、八四一年）に登場する人物を調べた結果によっても支持される。『日本書紀』二八（天武上）までにあらわれる人物の動物名には、クマ・イノシシ・クジラなど強力または巨大な動物か、ウシ・ウマのような家畜が多い。ところが巻二九（天武下）あたりからムシの名が出現しはじめ、『続日本紀』・『日本後紀』における称徳―光仁朝（七六四〜七八一）でその盛行は絶頂にたっする。そして平安遷都後は、貴族人名として抽象名がえらばれるようになり、ムシ人名ブームは終った。元正―桓武（七一五〜八〇六）間に虫麻呂だけで一七名出現する。置始虫麻呂・下毛野虫麻呂・矢集虫麻呂・史部虫麻呂・五百原虫麻呂・佐味虫麻呂・引田虫麻呂・阿部虫麻呂・路虫麻呂・鴨虫麻呂・中臣酒人虫麻呂・平群虫麻呂・村岡虫麻呂・日下部虫麻呂・土師虫麻呂・雀部虫麻呂・上村主虫麻呂。そのほか子虫が七名、虫名が三名、広虫・粳虫・弟虫・若虫・虫女が各二名、小椋虫・伊賀虫・真虫・大虫・今虫・石虫・日女虫が各一名。ただし氏族名の変更による重複や、私の見おとしの脱落がいくらかあるかも知れない。

さて八世紀におけるムシの特殊な地位をどのように理解すべきであろうか。それ以前と比較するならば、ムシにヘビ神の霊威とモノとしてのヘビの呪性が転移された。後代と比べると、ヘビとムシはまだ畜生道の典型とはみなされていなかった。ヘビとムシが死霊の象徴だったとしても、これと死のけがれの観念との結合は弱かった。死のけがれの意識が貴族たちの間で甚大になるのは八〇〇年前後からである、と高取正男（一九七九）は示唆している。

話を最初にもどし結論をくだすと、『延喜式』の祝詞における這うムシの災禍とは、なによりもヘビをふくむムシどもの侵入そのものによるけがれであったろう。断定はひかえるが、そこで死のけがれとの連想がはたらいていたかも知れない。

這うムシだけがムシではない。飛ぶムシも跳ねるムシもいる。おなじ平安初期の貴族でも、その人の立場や感受性におうじてムシでまず思いうかべるものはさまざまだったろう。『枕草子』（一〇〇〇年前後）の著者・清少納言にとって、虫はなによりも美しい音色をひびかせて鳴くムシと色彩と光と姿態で目を楽しませるムシであった。「虫はスズムシ・ヒグラシ・チョウ・マツムシ・キリギリス・ハタオリ・ワレカラ・ヒオムシ・ホタル」。

ネズミ

一四四四年成立の辞書『下学集』気形門・鼠の項をみて驚かないものは少ないであろう。「虫之総名」と書いてある。これは古代中国の『説文解字』（許慎、一〇〇年ごろ）に依拠した説明と思われる。その記載は「穴蟲の総名也」。『下学集』がなぜ「穴虫」の「穴」を落したのかはわからない。ネズミはかならずしも穴居でないと考えたからであろうか。

ネズミがムシ・虫の総名だという議論はべつとしても、この動物がムシ・虫の一種だとする主張は常識に反するわけではない。かつて日本で、ネズミがムシの一種とされた時代がおそらくあった。ムシの項で述べたように、ムシが「むす」（蒸・産）に由来し自然発生可能な動物を意味するならば、ネズミもまたその類と解されただろう。ネズミの大発生の現象は人びとにそのような誤認を強制した。

じつは現代においても、同様の認識がのこっているらしい。開高健の『パニック』（一九五七年）のなかで、山番や炭焼人、さらには県庁の研究課長でさえ「ネズミがわく」と表現している。

古代の中国においても同じことが言えよう。藤堂明保（一九八〇）によれば、蟲の音のチユウは、多くの個体が充満する状態を示す。ここでもネズミは蟲であった。日本の近世におおいに流布された中国の本草書『本草綱目』（李時珍、一五九〇年）の鼠の項によれば、この動物はそれ以前の本草書において「蟲魚部」に収められていたが、当書では『爾雅』（中国古代）にしたがって獣部に移し入れられた。つまり『説文解字』ののちも、本草書においてはネズミは依然として虫あつかいにされていた。そして『本草綱目』にいたってもなお、ネズミは他の一般の哺乳類とは区別されていたのである。この書物の「獣部」は、畜類・獣類・鼠類および寓類に四分される。哺乳類を家畜と野獣に二分する方法はそれなりに合理的である。そして寓類はおよそサルに相当するとみてよい。そのサルを他の野獣のなかで別格視する考えもよく理解できる。けれども、他の野獣から分離して鼠類の項を独立させたのはなぜだろうか。

『本草綱目』の鼠類のなかには、齧歯類の仲間のほか、モグラ・イタチのたぐいもふくまれているから、野獣のなかで比較的小型の種類をまとめたのだとも推察できる。そしてこれらの小動物が、かつてはすべて虫であったとすれば、ネズミが虫の総名だとする議論も理解できよう。

しかしネズミそのものの生態の特徴が、やはり一般の哺乳類と異なっている事実を見落すべきではないだろう。第一に、ネズミとくに家ネズミは、人と共生している点では家畜に近い生活形態をもっている。とはいえ、けっして家畜ではなく、むしろ人と敵対関係にある。

大内恒（一九四四）が指摘しているとおり、多くの野生動物は人類社会の発達とともに減少衰退の傾向を示してきたのに、ネズミのみは個体数を増大させた。家畜も人類の発展にともない増えているが、ネズミと異なり、人類に損失をもたらさず、反対にその繁栄に貢献した。

このようなネズミの地位は、日本人のネズミ観においてもあらわれている。千葉徳爾（一九七五）は、九州の猟師たちのつぎのような習俗を伝えている。彼らが狩の相談をするとき、狩をする山の名前を口にしない。もしそれを洩らすと、天井のネズミが盗み聴きして、夜のうちに山のイノシシやシカに教えてしまう。この伝承にも、ネズミが人家にありながら人の側ではなく、野生動物の側に属しているという認識が明瞭である。

ネズミに特徴的な二面性は以上につきない。第二にこの動物は、人に親しまれうる小さな存在でありながら、暗い地下にしばしば巣くう陰湿な小獣である。『古事記』（七一二年）神代記のオオクニヌシ（オオナムチ）の挿話をみよう。

野原のなかでオオクニヌシは、スサノオが放った火に囲まれる。そのときオオクニヌシのもとにネズミがあらわれ、「内はほらほら、外はすぶすぶ」と教えた。オオクニヌシがそこをふむと穴になっており、彼はその穴に入り火を避けることができた。古代のこの説話にすでに、地下の国の住者としてのネズミと、人の友人であるネズミの両面がえがかれている。まず前者の一面に話をしぼりネズミのイメージを考察したい。

穴居する陰性の小動物という点で、ネズミはヘビに通じる。本項のはじめの議論にもどるが、ネズミもヘビも古くはムシの一種だったと考えれば、両者の相似はなおさら目立ってくる。さらに鱗状の皮膚におおわれた長いネズミの尾も、ヘビを連想させるだろう。

二種の動物の役割の類似の例証として、いくつかの説話をみてもよい。たとえば、野辺の穴の奥にネズミの住む他界があるという話は、室町時代のお伽草子類『かくれ里』の冒頭にあるが、おなじ中世の『神道集』(一三五〇年ごろ)以後さまざまの形で伝えられた甲賀三郎伝説や、お伽草子類『富士の人穴』(室町時代)において、地下の他界の主はヘビであった。

また怨みをのこして此の世を去った死者の象徴として、ヘビが多く採用されることは、ムシの項で述べたとおりである。そしてネズミも怨霊の象徴たりうる。寺門に戒壇院建立が勅許されるはずだったのに、山門の横槍で妨げられたことを知った三井寺の頼豪は憤死し、八万四千のネズミと化して比叡山にのぼり、仏像・経巻を嚙みやぶったという伝承は、『源平盛衰記』(一三世紀後半)一〇および『太平記』(一四世紀後半)一五にくわしい。

ただしネズミがヘビに近似の役割をはたすといっても、古代のヘビ神オオモノヌシのような畏怖すべき霊威はもたない。この動物はヘビの呪性と神秘を欠落した。

人に親しまれうる小動物としてのネズミの一面は、これを福の神の使者とする思想にはっきりとあらわされている。南方熊楠(一九二六)は、大黒天につかえるネズミは、クベラ

（毘沙門天）の使者のネズミ、ガネサ（歓喜天）の乗物であるネズミからの転化だ、と主張している。

タヌキの項でもふれたが、沖縄にはネズミが海の彼方の他界に住み、そこからこの世に渡ってくるという俗信があった（柳田国男、一九六〇）。その他界はまた、現世に生命と幸福を運ぶ。かりにかつてこのような信仰が日本中央部にもおこなわれていたとすれば、オオクニヌシのネズミは、沖縄の海彼他界のネズミの変形であるかも知れない。さらにオオクニ（大国）ヌシと大黒の音通にもとづく同一視が、大黒天とネズミのとりあわせに一役買った可能性も無視できない。

しかしオオクニヌシのネズミは、沖縄海彼の同類とちがって、暗い地下の住者であった。柳田は、海彼の他界信仰を地下他界の思想に転換した責任をネズミに帰しているようである。けれども爬虫類の原郷たる他界にも、これと並行的な変化がみられる。『古事記』・『日本書紀』（七二〇年）におけるトヨタマヒメのワニ・タツの故郷は海神の国であった。ところがより新しいヘビ女房の本拠は、多くは内陸の水地である。ヘビは水神またはその末裔であるかぎり、乾いた地下には潜入しがたく、沼・池の底にひそむことになったのだが、それ以前の山神の性格をとどめていれば甲賀三郎のヘビのように、やはり地下他界におちついただろう。ヘビとネズミは、地中の動物であるという点だけでなく、海彼他界を内陸に転換した媒介者としてもおなじ特徴を示している。私が陸封とよぶ現象である。

大黒天のネズミには、オオクニヌシのネズミや海彼他界のネズミに還元できない要素も指摘できる。それは寺とネズミとの密接な関連である。大黒天の使者としては当然ではないか、と評せられるだろうが、逆の因果関係も成りたちはしないか。経典を収蔵する暗いお堂や僧に食事を供給する厨房は、ネズミにとって跋扈跳梁の適地だったにちがいない。このようなネズミと寺との敵対的だが密接な関連が、さまざまな屈折を経たのち、仏教の守護神としてのネズミの出現に貢献した可能性も否定できないのではないか。

その屈折の経過は、いくつかの説話のなかにかいま見ることができる。さきの頼豪ネズミにしても、それは三井寺にとっては仏法の味方であったが、比叡山門からみれば逆である。もっとあからさまな例は、津村正恭の『譚海』（一七九五年）一二におけるネズミの挙動であろう。中禅寺で諸経を喰い荒したネズミをとらえ、その死体に墨をぬって紙に押すと大黒天の像があらわれた。それより日光山にこのネズミの死体を重宝して納めおき、「はしり大黒」としておしだした。これでは仏教の守護神たる大黒天が仏法を害したことになり、常識では理解しがたい。しかしネズミと大黒天の結びつきの一因が、寺堂におけるこの動物の活躍にあったと解釈すれば、それほど意外な話ではない。

経典荒しが仏法擁護に転じるにいたる過渡の説話の一例が、『今昔物語集』（一一一〇年ごろ）一二—三四である。重い病に伏した円融院が、播磨書写山の性空上人のもとに使者をつかわす。使者が摂津梶原寺の僧房に泊った夜、上長押を走るネズミが彼の枕もとにお経の破片を落した。読むと『法華経』陀羅尼品の偈「悩乱説法者、頭破作七分」であった。使者は、性空上人をわずらわして自分の頭が七つに裂けてはかなわない、と尻ごみをしてしまう。一方そのとき円融院は、「聖人迎うることあるべからず」という旨の夢をみた。ここでネズミは、はからずも仏意の代弁者となったのである。

オオカミ

柳田国男(一九三二・三三)は、人とオオカミの争闘譚が近世後期以後に増加する、と指摘した。その原因については諸説あり、なかでも焼畑の減少説(松山義雄、一九七七a)および狂犬病の流行説(平岩米吉、一九八一)はいずれも無視できない。かつて焼畑の作物は、夜間、イノシシ・シカ・ウサギなどを集め、さらにこれらの動物をねらってオオカミが現われた。ところが焼畑が稀になるとともにオオカミは餌場を失い、人畜の襲撃へと転じた。また享保一七年(一七三二)以後、病オオカミの出現がこの動物にたいする人びとの恐怖をあおった。

じっさいオオカミの襲撃について語る実話(もしくは実話と称する記述)は、近世中・後期の説話集・見聞録に頻出する。柳田および平岩がその事例を多くあげているので、ここでは鈴木牧之の『北越雪譜』二編二(一八四二年)の記事のみを示そう。

越後のある山村に、貧しい農夫が老母と妻、一三歳の娘、七歳の息子とともにくらしていた。旧暦二月のはじめ、農夫は所用で山を越えた先の村まででかける。その帰途、村の入口の雪の山陰でオオカミがなにかを食っているのを見た。農夫はただちにこれを鉄砲でしとめ、近づいてみるとオオカミが食っていたのは人の足である。彼は大いに驚き家族を気遣い走り帰ると、二匹のオオカミが家から走り出た。家のなかで母は片足を食いちぎられ、妻と息子も嚙み倒されていた。床の下に逃げて助かった娘と農夫は、悲しみのあまり家を棄て順礼に出た。

事実譚だけでなく、オオカミの変身説話がこの時期に登場するのも顕著な傾向である。神谷養勇軒の『新著聞集』（一七四九年）一〇には、つぎの説話が収められている。ある僧が山を行きオオカミに遭遇する。僧が木に登って避けると、その下に多数のオオカミが集まり、その一匹が「孫右衛門がカカをよびなん」と提案した。やがて大きなオオカミが到着し、他のオオカミが肩車を重ねてこのオオカミをかつぎあげる。僧がすぐ下まで迫った大オオカミを小刀で突くと、肩車はくずれ、オオカミたちは去った。夜があけ僧が村におりたとき、孫右衛門の家ではその妻が死んだと騒いでいる。死体を見ると大きなオオカミだった。

この説話は、昔話「鍛冶屋の婆」からオオカミ（またはネコ）の老婆殺しの部分をはぶいた内容になっている。そして両者に共通の起源が中国の説話であることが、ほぼ確実である。

『太平広記』（九七八年）四三二には、朱都理という男に化けたトラが、仲間によばれ人を襲う話がある。人が木の上に避けるモチーフ、格下のトラが朱都理を招くモチーフ、および朱都理が自宅で伏しているモチーフは、トラをオオカミとさしかえれば、『新著聞集』の説話と一致する。『太平広記』にはまた、頭領招集のモチーフを欠くが、オオカミについても同様の説話がふくまれる。じつはさきに言及した柳田の論文は、近世後期に人とオオカミの争闘譚がふえた原因のひとつとして、中国のオオカミ観の輸入をあげている。

人とオオカミとの闘いの記録は、かくて近世にいたって強化され、オオカミが絶滅した二〇世紀初頭までつづく。しかし人とオオカミの協調の歴史はより古い過去にさかのぼることができ、さらにその記憶は二〇世紀末まで消え去らなかった。

『日本書紀』(七二〇年)欽明紀において、秦大津父が山中であい闘う二匹のオオカミにであい、「汝はこれ貴き神にしてあらきわざを楽《この》む。もし猟士にあわばとられむことけやけく速けむ」と警告し仲裁をする。すなわち古代にはすでに、オオカミは神とみなされ人と友好な関係にあった。そして今なお、秩父三峯をはじめ多くの神社で、この動物は神の眷族とみなされている。イノシシ・シカ・サル・キツネなど多くの野生哺乳類が山神あるいはその使者でありえたが、とくにオオカミは直観的にもイヌに近似しているため、山神にしたがうイヌと解されやすかった。キツネもまたイヌに似ているが、こちらはやがて田の神とむすびつき、さらにその身分を稲荷の神使に限定してしまったので、山神との縁は遠のいた。

山神にかかわるオオカミの伝承は少なくない。そのなかで著名なのは「オオカミの産見舞い」であろう。たとえば三峯ではこの動物の出産を仮定して赤飯をたき、奥の宮の定った場所に供える。この習俗はなにに由来しているのであろうか。柳田（一九二五）は、山神が山のなかで子を産むという俗信が、オオカミ神と結合したのだ、と想像する。けれども神子の山中出産譚がなぜ他の動物ではなくオオカミと結合したかについては、べつに説明がなければならない。この点にかんし解答を示唆するのは中世の『神道集』（一三五〇年ごろ）、お伽草子類および説教節のかたちで流布した『熊野の本地』系の説話である。

天竺マカダ国の善財王の后に、善法とよばれる女御がいた。彼女は王の寵愛をうけ一子を妊んだが、他の后たちの奸計により王宮を追われ、山中において王子を産んだ直後、斬首される。そしてひとり残された王子は、トラ（『神道集』）、トラ・オオカミ（杭全神社本絵巻など）、サル（蜷川本奈良絵本など）にはぐくまれて成長した。

善法女御と王子は、のち熊野の新宮および若王子として現われるのだから、トラ・オオカミ・サルは山中において出産した神をまもったことになる。サルが王子を抱いたり木の実を集めたりするのは、この動物にふさわしい。トラ・オオカミは、大陸の説話において猛獣を示す常套の表現であるが、だからこそこれらの動物は神子の警護に最適であった。それにくわえてオオカミには、神のイヌとしての印象がきざみこまれていたのではないか。

山中における山神出産譚では、産まれた神子だけでなく、産む母神もまたクローズアップされている。それゆえ山神の女神化が顕著に進行した時期以後に、この伝承が形成されたと考えたい。そうだとすれば、その時期は中世以後である。そして中世は、動物神が人格神の使者またはたんなる野獣に格下げされる経過が目立つ時期でもあった。このような状況のなかで、オオカミ神と神の護衛者としてのオオカミが混交し、オオカミの神子保護が、オオカミ自身の出産、さらには産見舞いというテーマをひきだしていったのではないだろうか。このように考えると、山神の動物態のうちオオカミだけが出産譚とむすびついた理由も理解できる。

オオカミの産見舞いには、べつの要素も複合しているかも知れない。柳田（一九三二・三三）は、オオカミが産育期に餌をもとめて里を荒しにくる事実がこの習俗を支持したと述べ、朝日稔（一九七七）は、イヌの安産の知識が関連しているだろうとほのめかす。そのほか、出産直後にオオカミの気性が兇暴になる（平岩）ので、それをなだめるためとも解しえる。

キツネのお産を医師または産婆が助けにいく昔話が存在する。これもおそらく、オオカミとキツネの近縁にもとづいて前者の産見舞いから派生したと想像できるだろう。ただ人は、自発的にオオカミの産を見舞うが、キツネにたいしては迎えをえてはじめて腰をあげる。イヌ的な二種類の動物にたいする人の対応の差別はここに明らかであった。

オオカミのイメージは男性である。山神が男性であった古代においては、このイメージは適切であった。それでは山神が女性へと転じようとする時期にはどうなるのか。室町時代に成立したと思われる『をこぜ』は、山神とオコゼ姫の恋愛物語である。物語に付属する絵で山神の姿を見ると、東洋大学本では人の形態をとり、湯川氏屏風絵ではオオカミの容貌を示す。『をこぜ』は山神が女性化する段階で流布したはずなのに、オオカミは男神役を演じた。この動物は山神の性転換に抵抗する。けれども、山神が完全に女性になりきってしまえば、オオカミもがんらいのイメージにそむいて女性化するか、それでなければ地位を一段ひくめて、山神のイヌの役を引きうけるほかない。

後者のケースは、秋田檜木内川上流、狼沢《おいぬさわ》の山神像（平岩）にみられる。狼沢の山神は女形、二匹のオオカミをしたがえて立つ。ではオオカミ自身が女神の姿態をとりえるか。それも不可能ではない。現代の昔話において、「瓜子姫子」や「天道さん金の鎖」の山姥の役は、時としてオオカミにより代演される。言うまでもなく山姥は、女形山神の零落した姿であろう。少しさかのぼって『新著聞集』における孫右衛門のカカも、老婆であった。

中国の説話のなかで、人に化けてこれと結婚するオオカミは概して雌である。日本近世の『老媼茶話』（松風庵寒流、一七四二年）においても、人の女性に変身したオオカミが男性に嫁ぐ。この現象もキツネの異類婚と通ずるものがある。しかし結末はキツネ妻の涙の別離とおおいにことなる。オオカミ妻は夫を喰い殺してしまう。ともあれオオカミがそのがんらいのイメージに反して女形山神の姿をとったとき、このような異類婚説話が背景にあってそれを支えたのかも知れない。

イヌの忠誠、オオカミの強力、キツネの狡猾は、日本の説話における三者の個性の核心であるが、それにしてもこれら三種類の動物の関係は微妙である。イヌも人に危害をくわえることがあるし、オオカミが狡猾なふるまいをなす場面もないでない。キツネもしばしば人につくす。かくてこれらのイメージは混交するが融合はしない。三者が敵対しあうさい優劣の序列は、オオカミ・イヌ・キツネの順に不動である。松山および平岩によれば、最強者オオカミの骨や牙や糞は、最弱のキツネを、この動物に憑かれた人から追放する効能をもつ。

ウシ

古墳時代以後に大陸から日本に入ってきた風習はべつにすると、古来日本人のあいだにウシの供犠の習慣があったかどうかわからない。縄文時代にすでにウシが生息していたことは、ウシ骨・ウシ歯の出土により明らかである。有史以後、たとえば諏訪の山神にシカが供えられたように、古く野生のウシが贄として選ばれた可能性は否定できない。

野生動物はともかく、家畜供犠の習俗を示す文献上の証拠はいくつもある。そのひとつが『古語拾遺』(斎部広成、八〇七年)における祈年祭供犠の縁起である。これによると、むかし田を造る日、大地主神が農民にウシ肉を食わしたところ、イナゴが群をなしてイネの苗を襲い、これを枯らしてしまった。大地主神が卜占によって対処法をたずねると、御歳神の祟りだから白イノシシ・白ウマ・白ニワトリをたてまつってその怒りをとけばよい、との答えをえた。そこで大地主神は、これらの鳥獣を供えて御歳神に謝り、イナゴを放逐する方法の教示を願った。そして最終的には、ウシ肉と人の男茎のモデルを溝の口におき、ツシダマ・サンショウ・クルミの葉および塩を畔に播け、と返事がかえってきた。大地主神が教えられたとおり処理した結果、イネの苗はふたたび繁った。これが祈年祭において御歳神に白イノシシ・白ウマ・白ニワトリを供える縁起である。

さて、御歳神はなぜ農民のウシ肉食に激怒したのであろうか。この疑問にたいし、田植えの神聖な行事をけがす行為がとがめられたのだ、としばしば解説されている。しかしそれでは、御歳神自身がイノシシ・ウマ・ニワトリを求めた事実をどう説明すればよいか。

高木敏雄（一九一三）は、農業において重要な家畜であるウシの肉を食ったから、農業神の御歳神の怒りをかったのだ、と解説した。そして御歳神の饌となる動物からウシが排除されているのも、おなじ根拠から説明している。しかしそれでも疑問は解消しない。なぜなら、御歳神はイノシシ・ウマ・ニワトリを求めただけでは不足で、さらに溝の口にウシ肉を置くよう要求した。この事実の説明はどうなるのか。

大場磐雄（一九八〇）は、これをうまく説明している。彼によれば御歳神が怒ったのは、ウシ肉をまずこの神に献供すべきだったのに、その前に農民が食ったからである。けれども他方、大場説では御歳神への供犠動物のなかにウシが欠けている理由の解明ができない。

もともと問題の部分は、『古語拾遺』の前後の文脈のなかで孤立しており、後代における付加ではないかとしきりに指摘されてきた。なかでも高木は、根拠を七個もあげ、祈年祭供犠縁起の部分が朝鮮半島由来の古伝にもとづき加えられたものだ、と推定している。七個の根拠のうち拙論にかかわる項をあげると、『延喜式』（九二七年）祝詞のうち祈年祭以外のばあいには、イノシシ・ウマ・ニワトリという組みあわせの供犠は見られない。この供饌品目は、他の祭祀にくらべると異質である。また『古語拾遺』で示された禁厭祈禱の方法は、日本の他の神典には見られない。

鋳方貞亮（一九四五）も、祈年祭献饌の縁起が朝鮮半島の風習の移入であることを認めている。しかし彼の考えによると、話の全般があまりに素朴・幼稚である点から推して、伝承の成立はきわめて古く、『古語拾遺』主部成立後の追加とは考えられない。

鋳方が素朴・幼稚としたのは、イナゴ退治の呪法などをさすのだろう。そしてこれらの呪法が、『古語拾遺』主部が成立した九世紀以後に朝鮮半島から入った、とみなす必要はない。たとえばウシ肉を溝の口に置くという方法は、『播磨国風土記』（八世紀前半）に記された呪儀を思いおこさせる。すなわちシカの血にイネをひたして播き、あるいはシカ・イノシシの血を用いて田をつくる呪儀である。鋳方は、『風土記』の時代においてもなお、野生状態のウシが生息していたと示唆しているが、かりにそうであるならば、ウシがシカ・イノシシとひとしい役割を演じていたとしても不思議ではない。したがって、問題の部分が九世紀初頭以降に『古語拾遺』に追加されたのだとしても、イナゴ退治の呪法じたいはかなり古くから存在していたのではないか。

とはいえ、高木の指摘が無意味だというのではない。たしかに『延喜式』諸祝詞にみられる神前供物のうち、祈年祭のイノシシ・ウマ・ニワトリは異質である。そして家畜の神饌がかなり遅れて大陸から入ったことを示唆する文献上の傍証もあげることができる。『続日本紀』（藤原継縄・菅野真道他、七九七年）桓武天皇・延暦一〇年（七九一）の項に、諸国の農民がウシを殺して漢神に祀るのを禁じた、という記載がある。さらに『日本霊異記』（景戒、八二〇年ごろ）中―五には、聖武天皇の時代（七二四―七四九年）、摂津国のある男が漢神のたたりをうけ、それから免れるために七年のあいだ毎年ウシを一頭ずつ殺して祀った、と語られている。

古代日本において野生動物を神に供える習俗が先行していたとしても、家畜としてのウシの供犠は大陸系のものだろう。鋳方は中国の文献をも検討し、そのことをいっそう確実に考証している。古代中国におけるウシ牲の事情については、白川静の著書（一九七五）にくわしい。

ようするに私見によれば、『古語拾遺』の祈年祭供犠縁起のうち、溝の口にウシ肉を置く風習と御歳神にイノシシ・ウマ・ニワトリを供える儀礼は由来を異にし、直接には関係ない。前者は古い土着の層を代表し、後者は新しく大陸から入ってきた層を代表する。大胆な推測をあえてすると、祈年祭は、シカの項で述べたシバマツリのような民間の農耕儀礼を基礎とし、これに外来の家畜供犠が習合して成立したのかも知れない。そして土着の農耕儀礼には、水神のために陸生動物を供犠する意味も併せふくまれていた可能性がある。大歳神は水稲神、すなわち水利を支配する神でもあったろう。

したがって御歳神が自分の饌にはウシを除きながら、溝の口にウシ肉を供えるよう要求した矛盾は、歴史的な段階の差異の表現として説明がつく。まずウシの肉・臓器・血などを農耕儀礼に用いた段階では、農民もまたこれを食していた。しかしつぎの段階でウシに犂をつけて耕作をおこなうようになると、貴重なウシを屠殺することははばかられるようになった。しかもこれに前後して家畜供犠の儀礼が輸入された。この第二段階において御歳神は、農民のウシ食をいましめつつ、みずからもウシを避け、イノシシ・ウマ・ニワトリで満足したのであろう。

あるいはこれに関連するかも知れぬ事実を示そう。朝廷主宰の祭祀においてウマの奉納は『日本書紀』（七二〇年）天武元年（六七二）に神武天皇陵にこれを奉って以来、正史に多く記録されている。そして『延喜式』四によれば伊勢大神宮遷宮にさいしニワトリ一〇羽以上が供せられ、同三五・四〇をみると大炊寮および造酒司の竈神祭礼にイノシシの供饌がなされる。『延喜式』全体をしらべてもウシ皮の奉納はあるが、ウシ肉は求められていない。

つぎに水神へのウシの供犠の話に移ろう。『今昔物語集』（一一一〇年ごろ）二七―二六を紹介する。

河内禅師のウシが行方不明になる。ある夜禅師の夢に、かつて海中に没して死んだ一族の男があらわれ、ウシを乗用に借りている、と告げた。そして六日後、ウシは帰ってきた。男の霊は、このウシが淀川にかかる橋の上で強い力を発揮したのに目をつけたのであった。

どうやら男の霊は、まだ水中あるいは水辺で生活していたらしい。とすると、この話は、川・淵・沼にウシが住むという日本各地に分布する伝説（柳田国男、一九一四）に関係があるのではなかろうか。

水中ウシの伝説の起源は多元であろう。大地の豊饒の象徴としておなじ機能をもつ水とウシが結びついた、とする石田英一郎（一九六六）の意見は、世界的にひろがっている伝承から帰納した説だけに無視できない。『古語拾遺』における溝の口のウシ肉は、この立場からも説明できる。しかし私は、石田説を承認したうえで、海（水）神と山（陸）神のあいだのサチの交換の儀礼もまた、この伝承に反映しているのではないか、と考えている。谷川健一（一九七四）によれば、名護では海神祭のときにネズミをイノシシに見たて、海の彼方に流す。これは山神から海神にあてた土産である。そしてそのお返しとして、海神はイルカを送ってよこす。このイルカは御岳の神にささげられる。宮古島においては、人を救ったサメのお礼にウシ肉をあたえ、池内島ではヤギ肉・ブタ肉をあたえる。サメはもちろん、海神またはその使者である。

さて律令国家が成立したのちの日本では、海神は陸封されて川神・淵神・沼神へと縮小した。しかもなお、かつての海神は陸のサチを要求する。雨乞いにウシ首を水に投ずるような風習（柳田）は、これの変形とも考えられる。ともかくも上記の仮説が正しければ、水神に献じられたウシがやがて水底に定住すると信じられるにいたった、と理解することができるだろう。ただしこの説では、水中に住む動物が典型的な山のサチと思われるイノシシやシカではなく、ウシだという事実を説明できない。しかし水神への山のサチの提供が、のちに大陸から入ったウシ水神の思想と習合し、イノシシやシカがウシに代えられた可能性は否定できない。『古語拾遺』において、御歳神が溝の口におくよう指定したのがイノシシやシカの肉ではなく、ウシ肉であったことについても、おなじ説明を用いることができる。

クマ

シカ・イノシシ・サル・キツネ・タヌキなど他の大・中型野生哺乳類にくらべると、日本の説話においてクマの印象はきわめて薄い。最古の古典である『古事記』（七一二年）の神話にいきなりクマが登場するが、『日本霊異記』（景戒、八二〇年ごろ）・『今昔物語集』（一一一〇年ごろ）以降の代表的な説話集では重要な役割を演じず、そののち現代にいたるまで不振をつづける。本項では不振の原因を見きわめたいのだが、とりあえず『古事記』神武記におけるクマの紹介からはじめよう。

神武天皇が熊野にたどりついたとき、大きなクマが出現したかと思うと、たちまち姿を消した。そしてこの事件をきっかけに、神武および兵士たちは気を失い倒れてしまう。そのとき高倉下という男が、持参した刀を神武にわたすと、神武はめざめてその刀を受けとり、熊野の山の荒ぶる神がみはおのずから切りたおされた。

以上の話から推測すると、神武たちを昏倒させたクマは、熊野の神にほかならない。けれども、当時の熊野の原地人のあいだにクマ神信仰が存在していたかどうか、いちがいには断言できない。熊野のクマは、がんらい動物のクマを指すのではなく、隈、すなわち奥まった陰の地を意味するという意見が定説であろう。『古事記』の編集者または彼らにこの説話を持ちこんだものが、動物のクマと隈の音通による連想にもとづいて、神武の軍を嫌った土地神にクマのイメージを与えたのかも知れない。その可能性を支持するのは『日本書紀』（七二〇年）神武紀における記述である。ここでは「神、毒気を吐きて、ひとことごとく瘁えぬ」とされ、この神がクマであるとはひとことも言っていない。

熊野とクマの結びつきがその後も表面的なものに留ったことは、『神道集』（一三五〇年ごろ）二―六「熊野権現事」をみても明らかである。熊野権現の名は神が八尺のクマの姿になって飛鳥野にあらわれたことに由来する、とまず説きながら、じっさいに熊野の社が成立する縁起の段になると、イノシシとカラスがもっぱら活躍し、クマはまったく姿を見せない。

とはいえ『古事記』の編集者または資料提供者が、隈との連想で荒ぶる神にクマのイメージを付与することができた前提として、クマ神なるものの観念がすでに存在していたことは間違いあるまい。よく知られているように、日本人と地理的に近接して住み、そして血縁的にも関連がふかいかも知れぬアイヌの人びとのあいだには、明瞭なクマ信仰が存在する。日本の狩猟民においてもそれを示唆する民俗資料が少なくない。千葉徳爾（一九六九、一九七一、一九七七）が収集した狩猟儀礼の資料によって考察をすすめよう。

千葉（一九七一）によれば、クマを獲たのちにおこなう儀礼には、イノシシ・シカ猟と共通する部分とクマ猟に固有の部分がある。前者は山の神にたいする感謝の祭儀であるが、後者はクマの霊をしずめるためにおこなわれる。その多様な型を整理するとつぎのようになるだろう。なおいずれのばあいも、これらの儀礼とともに特殊な呪文が唱えられる。

1a　クマの毛皮をはぎ、頭尾が逆になる方向にしてその身体にかぶせる。逆さ皮の習俗（奥羽・新潟）。
1b　クマの死体を川の流れの方向にむける（奥羽）。
1c　クマの頭を北にむける（奥羽・新潟）。
2　銃・槍・鉈などを使った呪術をおこなう（奥羽・新潟・山陰）。
3　クマの顔をおおう（四国・九州）。
4a　クマの頭部を二つに割る（四国・九州・新潟）。
4b　クマの上顎と下顎を切りはなす（四国）。
5　クマの口に石をかませる（四国）。
6　月の輪を切る（九州・奥羽）。

以上のうち1aは、人の死体に生前の着物を上下逆にして置く「逆さ着物」とおなじ意味をもち、クマの霊が身体にもどる期待をすて他界に去るようにしむける習俗だろう。1cは1aと併用もされるが単独でも用いられる。『今昔物語集』一五―四二では、藤原挙賢の死後、枕をかえられたので彼の魂が身体に戻るてだてを失い、蘇生する機会を逸したと述べられている。ここで「枕をかえる」とは北枕を意味する。それから類推すると、1cも1aとおなじくクマの霊をしりぞける呪法だと思われる。1bについて私見を示すことはできないが、つねに1aと併用されており、これを補強する機能をもつにちがいない。

西日本におけるしきたりに目をうつすと、4aはクマの霊威を最終的に葬り去るための呪法、6も同様である。月の輪はクマの霊力の象徴とみなされた。4bと5は、クマの危険を粉砕または阻止する手段であり、3においては、クマを殺害した人の認知と彼にたいする報復を未然に防ごうとしたのではないだろうか。あるいは人の死者の顔をおおう習慣の転用かも知れない。2の鉈などにかんしては、千葉（一九六九）は、人の死者の枕元に刀をそえ悪魔除けをするように、このばあいもクマの凶猛な霊をしずめるための儀礼だろう、と推測している。

以上総覧すると、クマ猟独自の動物死霊をしずめる呪法においては、1・2・3のようにクマを擬人化する思想が確認できる。千葉（一九六九）はとくに1aについて、これがクマと人との同一視のあらわれであると指摘した。ただし彼は、逆さ皮の風習や儀礼にともなう呪文が近世の産物だと主張し、クマと人との同一視にかかわる伝承も比較的新しく現われたと解釈している。

けれども千葉も、人とクマの同一視自体が近世以降にかぎられた思想だと考えているのではあるまい。近世以前においては、逆さ皮や現在伝承されている呪文とは別の方式で、クマの霊をしずめていたのではないだろうか。たとえば人の死体を北枕にする習慣が平安時代に存在したことから推定すると、lcのクマを北むけにする儀礼も、中古にまでさかのぼることができるかも知れない。

かくてクマについては擬人化が他の野獣のばあいよりもなされやすく、その霊力がとくに恐れられていることは、この動物がかつて神の姿であったことを示唆するだろう。もっともイノシシ・シカ・サル・オオカミなども、古くは動物神として力をふるっていたのだから、これらの動物とクマのちがいの由来は、動物たちが歴史的にたどった道すじの相違にもとめなければならない。

クマが日本の説話でほとんど活躍しない理由については、いくつかの方向から説明することができる。ひとつには、イノシシ・シカ・サルなどとことなり生活圏が山奥にあるため、クマは容易に人里には出没せず、人との交渉がまれである、という事実を考慮すべきだろう。日本人の主要部分が平地で水利の便ある場所に住み、水田耕作をいとなむようになってから後には、人とクマの接触はとくに少なくなった。都会人の世間話、農民の昔話におけるクマの不在は、一つにはこうして説明できる。

つぎに動物神信仰の変遷過程のなかで、クマの位置を考えよう。動物神の霊威衰退は古代以来一貫して継続するが、やがて中世にいたりかつての動物神のうちいくつかは神使としての地位に落ちついた（中村禎里、一九八四）。三輪のヘビ、春日のシカ、稲荷のキツネ、日吉のサル、三峯のオオカミなどはその典型である。ところがクマの獰猛・強力は神使として有利な条件とはいいがたい。またオオカミのようにイヌと類比される特権ももたない。こうしてクマが神使になりそこなったことも、この動物が都会人・農民の話題から遠ざかったあと一つの原因だろう。

このような条件で零落した動物神が怪物化するのはひとつの必然である。中古の貴族たちのあいだでクマが話題にのぼるときには、魔物に近い存在とみなされたようである。『扶桑略記』（皇円、一〇九四年）にはつぎの記事がある。延長七年（九二九）、宮中に鬼の足跡が発見された。そして北陣の衛士が目撃したところによると、大きなクマが一三匹も陣中に入ったのであった。

クマは説教節の『笠寺観音の本地』においても凶猛なイメージをあらわす。中将有末の後妻にだまされ殺されたしちくという女が、仇を報じるためクマと化し、死後悪心にひかれてイヌに転生していた有末の後妻を裂き殺す。

しかし説話におけるクマ観は都会人や農民のものであった。山民とくに猟師のあいだでのクマ観については別に考えなければならない。これにかんし、もう一度熊野信仰に話をもどそう。熊野信仰とクマとの関連が表面的なものであることは、すでに述べた。しかし古代から現代にいたる途次、おそらく中世に、熊野信仰が修験山伏などにより各地にもたらされ、それが山民・狩猟民のクマ観に干渉したのではないかと思われる。千葉（一九七七）は、クマの怒りをしずめる上記の諸儀礼が熊野信仰とむすびついていることを強調しながら、同時に彼（一九六九）は、諏訪・土佐などでは熊野信仰に関係なくクマを神の姿とみる信仰が存在したと示唆している。私はむしろ、クマ信仰の残存を手がかりにして熊野信仰が山民・狩猟民のあいだに拡布した面がつよいと考えている。しかしいったん普及した熊野信仰は、逆にクマ信仰を補強しえた。山民・狩猟民においてさえこの動物が神使たりがたいまま神威を衰弱しつつあったとき、没落にいくらか歯どめをかけたのが熊野信仰であったろう。

こうして都会人や農民とちがって、クマとの接触を断たなかった人たちのあいだに、この動物にたいする畏怖の念が残存し、それがクマの擬人化の傾向、そしてクマの霊へのおそれの感情としてあらわれ続けているのであろう。

ネコ

日本においてネコが人に飼育されるようになった時期は、ふつう七〇〇年前後とされている。しかも日本のヤマネコが家畜化したのではなく、中国の飼いネコが日本に輸入されたとするのが定説である。その時期については、後述のようにいくらか疑問がないわけではないが、やがて九世紀末には、ネコは宮廷で愛玩されはじめた（『宇多天皇御記』寛平元年（八八九）の項）。この動物がみやびな小道具として、王朝時代の貴族たちの生活に陰影をあたえてきたようすは、一一世紀初頭に成立した紫式部の『源氏物語』「若菜」および「柏木」によく描かれている。

柏木の悲劇の舞台まわしを演じたのは、一匹の可憐な唐ネコであった。柏木が望んでいた朱雀院の三女、三の宮は光源氏の六条院に降嫁してしまう。六条院で蹴鞠がもよおされたある日、三の宮の部屋の小さなネコが、すこし大きなネコに追いかけられ、外に走りでようとしたはずみに、つけていた綱を御簾のかたはしにひっかけて、それを引きあげた。そのわずかの瞬間、三の宮の姿を柏木はかいま見た。胸がふさがる思いの彼が、当のネコをまねきよせてかき抱くと、宮の移り香がほのかににおって、なつかしく思われるのであった。三の宮をしたう心はいっそうつのるが果せない柏木は、せめて「かのありしネコをだに得てしがな」と、てをまわして入手する。そののちは「夜もあたり近く臥せ、……あけたてばネコのかしずきをして撫で養いたまう」ありさまである。ネコが「ネ（寝）ウ、ネウ」となくと柏木は

恋いわぶる　人の形見と　手馴らせば　汝《なれ》よなにとて　鳴くねなるらん

と切ない心を歌にたくした。

蹴鞠の日から六年の歳月がながれた。ついに柏木は、三の宮の女房の手引きで思いをとげた。彼女のもとでわずかにまどろむ柏木の夢に、例のネコが可愛いげに鳴いてあらわれる。三の宮にさしあげるため柏木自身が連れてきたらしい。それにしても、このネコをなぜさしあげるのだろう、と思ううちに目がさめてしまった。

ひとたび思いをとげた柏木の運命は悲惨であった。三の宮は彼の子を宿した。しかし光源氏にたいする恐怖におののき、彼は生きる力をみずから放棄する。死も間近かと意識した柏木は、三の宮の安産を願いながら、彼女の身にそいつつみた夢を、自分ひとりの胸にひめて死ぬのをくやしく思う。

さて問題は、柏木の夢にあらわれたネコである。諸注は、これを三の宮の懐妊の予兆と説

く。危篤の柏木が、三の宮の妊娠を確信しつつ、ネコの夢にこだわり続ける心境を説明するには、この解釈は必然だろう。しかし西三条公条の『源氏物語細流抄』（一五二八年）を引いて、「獣を夢みるは懐胎の相」という一般命題をここに適用する議論には、疑問がのこる。なぜなら、ネコの夢をみたのは、懐妊した三の宮ではなく男性の柏木である。またこの説では、夢のなかの柏木が、なぜネコを三の宮にささげようとしたのか理解できない。そこで例によって、あたりそうにない仮説を提示しておこう。

思うに、三の宮の唐ネコは彼女の形代である（宮崎荘平、一九八二）。ことによると、三の宮からぬけでた魂そのものであるかも知れない。彼女にとって、年齢が二十数歳もことなる光源氏への降嫁が、心たのしいものであったとは言えないだろう。しかも光源氏の真の愛情が紫の上に独占されていることは、周知の事実であった。みずからは知らずに、彼女の魂はあこがれでて、柏木のもとへと慕いよったのではないか。彼は三の宮であるネコを異常に愛した。さきにあげた歌からわかるように、それが彼女の形代であることまでは、柏木は意識していた。かくて彼の愛になじんだネコが三の宮にもどされたとき、柏木の男性をコンシーヴした自己の魂を彼女は受けとったのである。

ネコが人の魂でないとしてもその形代でありえることは、ネコを人らしく扱う多くの民俗からも類推できる。大木卓（一九七五）は、ネコの産所、ネコの捨てかた、ネコのもらいかた、ネコを居つかせる呪法、失せネコ探しの呪法、ネコの食器、ネコの葬法などがいずれも、人において対応する習慣に似ていると指摘している。ネコは人とともに生活しながら、イヌやウシ・ウマとことなり人から支配される度合がよわいので、対等視され、ひいては擬人化される傾向がいちじるしい。とくに愛玩用のネコは、フェテシズムの対象になりやすいだろう。

けれども動物界全体のなかでのネコの機能は、他の動物には例がないほど複雑であり、もちろん人との関連だけによっては規定されえない。ネコのイメージの総体は、ネズミ・トラ・イヌ・タヌキなどとのかかわりあいにおいて成立している。

ネコがネズミの敵対者であることは言うまでもない。一七世紀の『猫の草子』は、ネコの放ち飼い令をめぐり、ネコとネズミがこもごも高僧の夢にあらわれ、利害対立する立場を訴える、という趣向の草子である。トラの縮小型としてのネコのイメージも明晰判明であろう。『猫の草子』のネコは、「われはこれ、天竺唐土に恐れをなすトラの子孫なり。日本は小国なり。国に相応してこれを渡さるる。その子細によって日本にトラこれなし……」と語る。さらにネコとイヌとの関係の一面、すなわち敵対関係も、おなじ草子が示す。ネズミどもはついに京から退散することを余儀なくされるが、その一匹が、ネコにも報いがあるのだという確信をこめて、つぎの歌をよんだ。

ネズミとる　ネコのうしろに　イヌのいて　狙うものこそ　狙われにけり

ところがイヌとの関係はかんたんでない。ネコとイヌのあいだには敵対性とともに互換性も存在する。飼いネコが、人にたいする忠誠を象徴するばあいも見うけられるのである。イヌの項で紹介した『今昔物語集』(一一一〇年ごろ)二九―三二でイヌが果した役割をネコが演じる例が、近世にあらわれた。松平定信の『花月草紙』(一八〇〇年ごろ)に記された話をあげよう。

ある娘になついていたネコが、彼女の厠にまで執拗についていくので、親が「心のそこ知りがたし」とネコの首をはねたところ、その頭がとんで厠のなかに入り、ヘビに食いついて殺した。ネコは、ヘビが娘を害するのをふせぐため厠につきそっていたのであった。

いちばん複雑なのがタヌキとの関係である。タヌキの項で、中国における狸はヤマネコおよびこれに類似した山住み中型哺乳類の漠たる総称である、と私見をあきらかにした。狐・狸・狗・猫とよばれるように、キツネと狸、イヌとネコ、キツネとイヌ、狸とネコという多角的な対応・対立関係が中国で想定されていたと思われる。このようなイメージ相関関係が日本に輸入されたとき、上記の関係のなかで狸の項だけが空白であってはならない。

ところが日本の歴史時代にはすでに、ヤマネコは生息していなかった可能性が大である。オオヤマネコは縄文時代に出没していたらしいが、そののち消息を絶つ(金子浩昌、一九八四)。もっとも上原虎重(一九五四)や渡部義通(一九六八)のように、歴史時代におけるヤマネコの生存を主張する考証家もいる。そして上原は、輸入された家ネコと土着のヤマネコとの混血、渡部は土着ヤマネコの家ネコ化の可能性を認めている。とくに渡部は、『源氏物語』等に「唐ネコ」の表現がある以上、これと区別された和ネコが存在したのだろう、と論じる。

この問題にかんする私見を披瀝すると、真相はつぎのようだったのではないか。七〇〇年前後に家ネコが中国から輸入された、とする説は、船載した仏教経典をネズミからまもるためにネコを船に積んだはずだ、という推定にもとづいている。しかし中国に家ネコが入ったのが一応六世紀（加茂儀一、一九七三）としても、大陸人の日本への移住は、その後一〇〇年ないし二〇〇年のあいだにひんぱんになされたに違いない。同時に、多少のネコもまた上陸したと考えるべきだろう。ただし初期のネコは半飼育状態、つまり村のネコの状態だったと想像される。現在でさえ、野良ネコと飼いネコの境界は時にはなはだ不明瞭である。これがたまたま愛玩用に採用されたとき和ネコとよばれ、最新船来、はじめから純粋に愛玩用として大切にされた唐ネコと区別されたのではないか。そして上原と渡部が言うヤマネコは、かつて日本に上陸した家ネコの子孫が野生化したものだろう。

話をもとにもどすと、中国の狸のイメージの中核たるヤマネコが日本に生存しないとすると、キツネ・ネコ・イヌとの相関のなかでヤマネコに代わる野生動物が選びだされなければならない。そこでタヌキ・アナグマ・テン・イタチなどの哺乳類が狸に擬せられたのであろう。とくにタヌキは、木に登り、ネズミ・トリを好み、瞳孔がたてに細く収縮するなどネコに似た習性・生理を示し、また小原秀雄・田中豊美（一九七七）、池田啓（一九八五）によれば、ネコに似た声で鳴く。

こうしてタヌキとネコの混交がはじまった。タヌキなどが中国の狸の役割をはたす一方、隠岐のようにタヌキが生息していない地方の民話では、代置関係が逆転して、野生化したネコがタヌキの役どころを演じる。近世の怪談においても、タヌキとネコの両方が老婆を害してこれに化ける悪役をひきうけている。その例話は拙著（中村禎里、一九八四）にあげたので省略するが、昔話の「かちかち山」にまでこの系統はつらなる（タヌキの項参照）。

また中世以来、タヌキとネコが妖獣化した背景についても考察の必要がある。紙幅がつきたので詳細はべつの機会にゆずり結論だけを言う。古い山神のうち神使たりえなかったものが妖怪化し、タヌキがそれを代表し、さらにネコもタヌキの動きに連動したのだろう。

サカナ

『三宝絵詞』（源為憲、九八四年）中―一六をまず紹介しよう。

称徳天皇の時代、吉野山に一人の僧が住みついていた。ながいあいだ行ない勤めて体力がよわり、起居も不自由になった。弟子が心配し「病僧にはゆるしたまうなり。売るを買うは罪軽かなり」とうったえ、サカナを食うように師にすすめた。僧が承諾したので、童子が海辺にでかける。彼がナヨシ八匹を買い、櫃に入れて帰る途中、僧と見知りの俗人にばったり会ってしまった。俗人に「汝が持ちたるは何ぞ」と問われた童子は、困惑し「『法華経』なり」と答えた。しかし櫃からはサカナ汁がしたたり落ち、サカナのにおいがもれてくる。そこで俗人はわざと多数の人のまえで「汝が持ちたるものはこれ魚なり。いかでか経とはいう」と詰めより、無理矢理に櫃をあけさせてみると、意外なことに『法華経』八巻が入っていた。師を恥ずかしめずにすんだ童子が、帰って僧に事情を報告すると、僧は驚いてサカナを食うのをやめた。

『三宝絵詞』上・中の説話のほとんどすべてがそうであるように、中―一六も『日本霊異記』（景戒、八二〇年ごろ）を出典とする。ところが『日本霊異記』下―六の表現は、『三宝絵詞』中—一六と微妙にことなる。前者においては、第一に、弟子が僧にサカナをすすめたのではなく、僧のほうから積極的に「われ魚をくらわむとおもう。汝求めてわれを養え」と要求する。第二に、童子の報告をきいた僧は、サカナの経への変化は天の守護だったと判断し、そのサカナを食べてしまう。

　源為憲は『日本霊異記』の筋書きを故意に改変した、と考えられる。僧が積極的にサカナを欲したり、『法華経』の霊験のおかげでサカナが露見しなかったのを奇貨として、欲望をとげたりすることは、為憲の仏教思想からみると容れがたいと思われたのであろう。

　では『日本霊異記』の著者・景戒の仏教思想は、なぜこれを許しえたのだろうか。景戒は、下層の人びとに仏教を説いてまわった私度僧の出身であった。そして行基へのなみなみならぬ傾倒に示されているとおり、彼の仏教思想においては、日本の土俗信仰との習合の度合がつよい。おもうに『日本霊異記』下—六における僧のサカナ食は、仏教以前の信仰を背景にして成立したのではないだろうか。

　渋沢敬三（一九四九）が指摘しているように、『延喜式』祭祀の神饌品目を見ると、水産物が非常に多い。『日本書紀』（七二〇年）天武紀などが示す一部の哺乳類・鳥類の食禁が実施されていたため、神饌についても動物は原則としてサカナのみが供せられた、という事情があったのかも知れない。しかし現在残存している民話をしらべると、山神がサカナ一般ではなくて、とくに海産のサカナを好んだことを示す形跡がいちじるしい。「牛方山姥」を例にあげよう。

牛方がウシにサカナ（または塩など）を積んで山道を行くと山姥があらわれ、まずサカナ（など）を、ついでウシを食い、さいごには牛方自身が食われそうになるが、策略をもちいて逆に山姥を殺す。

ここで山姥は、山神につかえる巫女、または女性の山神の零落した形態だと思われる。山神が信仰され崇拝されていた時代には、人びとは進んでこれに海のサチ（産物）をささげた。しかし忌避され軽侮されるまで落ちぶれたその後裔は、海のサチを人から強奪するほかそれを入手する手だてをもたなかった。逆に、海神の陸封型とおもわれる川神の零落態が山（陸）のサチを強奪する民話が、「カッパの駒引き」であろう。

ともかくも山神が海のサチを喜ぶとみる信仰がかつて存在したとすれば、山神と習合した仏、あるいはその代理者としての僧が、海のサカナを拒まなかったとしても不思議ではない。そこでつぎに「サバ大師」の伝説を見よう。

ある男がウマの背にサバをのせて山道にさしかかると、一人の旅僧がサバを所望する。男は拒否して先へ行くが、急にウマの腹が痛み一歩も進めない。男が弱って旅僧にサバを提供したとたん、ウマの腹痛は平癒した。旅僧は行基その人であった。

柳田国男（一九四二）は、「サバ大師」の成立の背景として、海辺の住民が内陸の農産物と交易するためにサカナを運んで行く途中、山口の塞の神に海サカナの一部を供える風があったのではないか、と想像している。塞の神と山神はしばしば混同されるし、柳田自身べつの論文（一九三四ａ）では、海の民が山の神にサカナを供えたと論じているのだから、「サバ大師」においても、山神への海のサチの供納が反映されたと考えて、彼の思想に反しないだろう。そして行基に傾倒した景戒がえがく吉野の山僧のイメージを、「サバ大師」の行基に重ねあわせても無理ではあるまい。

山神への供物としての海サカナに関連して、有名なオコゼの話を検討しよう。全国に広く流布する伝承によれば、山神はオコゼを好む。毒棘を有し、骨ばった醜貌を呈するこの海サカナは、なぜ山神に好まれるのであろうか。この疑問にはいくつかの有力な説明が提出されている。

第一は柳田（一九〇九、一九一〇・一一、一九三四ａ）の説である。彼は山の神のオコゼが先述の「牛方山姥」「サバ大師」におけるサカナ・サバに匹敵するものとし、オコゼまたは類似のサカナが、ミコウオ・キミウオなどの異名をもつ事実から、これらが山神の祭において巫女がもちいる巫魚だったのではないか、と推定した。柳田はまた、海漁には山オコゼ（淡水産マキガイなど）を、山猟には海オコゼを祭ると述べ、山神のオコゼ好みは、山神と海神のサチの交換、または山民と海人のあいだの産物の交易の一端であることを示唆している。では、オコゼのような特異なサカナがなぜ山神への神饌として選ばれたのだろうか。柳田は、その棘が一つの要件だったとほのめかし、白井光太郎（一九一〇）の主張を引用している。白井によれば、猟師がオコゼを重んじるのは、棘が一種の類感により野獣の射殺・突破に利益をおよぼす、という俗信に由来するのかも知れない。動物を支配する山神への信仰がこれに結びつくことは大いにありえる。ただし柳田は、白井説支持を明言したわけではない。オコゼの棘と山神の関連について、彼はべつの考えをもっていた可能性もある。かりにオコゼが、塞の神としての霊力をふるう山神に供えられたのだとすると、その棘が塞の神の魔除けの力と結合した、という考えも棄てられないだろう。

第二は、白井説およびこれを展開した渋沢（一九五九）の意見である。オコゼの棘と山神の結合について、渋沢はより具体的に、鉄砲の発達などによりオコゼの呪性が衰微する一方、山神信仰は継続したので、オコゼの呪力は山神に転移し、前者は後者の霊力発動の媒体に帰した、と主張する。この説の欠陥は、有棘の生物は山中あるいは陸上にいくらでも存在するのに、海産のサカナをわざわざ利用しなければならなかった根拠を説明しきれない点にある。そこで白井・渋沢説を改変し、海のサチを山神に供献する習慣を前提とし、矢槍と類感性を発揮する有棘のオコゼが、海のサチのなかでもとくに尊重された、と理解すればよい。あるいは漁撈民のあいだで、オコゼの呪性があらかじめ信じられていたのかも知れない。

とにかく私見によれば、柳田説、白井・渋沢説がいちぶ補強をえてにせよ成立する根拠は、海産と有棘とこの二つの性質がオコゼにおいてのみ重なるという点になければならない。

これに加えて、あとひとつ気になる問題を指摘しておこう。日本の説話や風習が、しばしば大陸の影響をうけていることは、よく知られている。しかもサカナについて言うと、その漢字表記と日本名のあいだに錯綜が多いのも事実である。オコゼの漢字には螣をあてるが、そのつくりの螽は中国ではサメを意味する。しかもその本字の鯗はサカナの干物を指す。干物はもちろん、サメのばあいは生きたままでも腐敗しにくい（矢野憲一、一九八三）。したがって螽・鯗は、海からはなれた山中に運ぶのに適していた。かりに中国の山神に干サカナなどを供える習慣が存在し、それが日本に入り鯗・螽が螣と混同された可能性はないだろうか。また螣は中国において竜の一種である。螣にも神異をふるうサカナの意味がひそんでいたのかも知れない。

さて第三に、千葉徳爾（一九七一）の説を紹介しよう。彼は大要つぎのように説明している。山の神が海の女神を迎えたとき、海神の使者であるオコゼに仲介を依頼した、という神話が古く存在した。醜くて滑稽な姿のオコゼは、舞台まわしの道化役として適任であったろう。この神話が変質する過程でオコゼが海神そのものに転化し、山神とオコゼとの婚姻譚が成立した。そしてついには、山の神がオコゼを好むという俗信が生まれた。

以上の変質過程における最初の二段階に相当する説話が実際にのこっている。オコゼが山神と海神の婚姻を媒介する話は秋田の『山の神の祭文』などに、山神とオコゼが結婚する話は室町時代に成立したと思われる『をこぜ』にそれぞれ語られている。したがって千葉説も否定しがたい。しかし三つの段階の時間的順序については、べつの考えも成立しえるだろう。山神がオコゼを好むことは『名語記』（経尊、一二七五年）八にすでに記されている。室町時代にいたってお伽草子の創作者が、山神にオコゼを供える俗習と山神・海神の婚姻譚をねりあわせて、千葉の第一・第二段階にあたる物語をつくりあげ、それが一般に流布したという解釈もなりたつだろう。

本項であげたどの説を採用するにせよ、山の神とオコゼの民俗は、サチの交換であれ婚姻であれ、山神と海神の交流を背景にもっていることだけは確かであろう。

ウサギ

「かちかち山」の昔話で、タヌキを制裁する役にウサギが選ばれたのはなぜであろうか。タヌキの項で述べたとおり、この昔話第二段のタヌキは、残忍な荒ぶる山神の痕跡をとどめている。凶悪な黒っぽいタヌキを打ちひしぐのが、白くて弱よわしいウサギであったからこそ、人びとはひときわ大きな喝采を送ったのであろう。

弱いウサギのイメージは、『十二類合戦絵巻』(一四五〇年ごろ) に示されている。十二支に属する動物たちが、タヌキを首領とする非十二支の鳥獣と戦う。最初の戦いで勝利をおさめた十二類の酒盛りの場面で、トラなどは「今宵はうそぶきて明かし候うべし」と意気軒昂たるようすなのに、ウサギは「くたびれて候に、ただ萩のもとを枕にして寝候ばや」とつぶやいて、ひっくりかえってしまうありさま。敗北をきっした二回目の戦いのあと、ウサギは、「ものも聞えず、心がとおとおと鳴るぞや。あら悲しや」とほとんど喪心状態。かたわらのリュウが、「奴ばら何事か仕出すべき。すこしも騒ぎとどろくまじ」と泰然として勇気いやます面持ちなのと対照的である。

つぎにウサギの白の印象であるが、古来、白化した動物、たとえば白イノシシ・白シカ・

白キツネ・白キジ・白スズメなどは、瑞兆として尊ばれた。生物学的にみれば、これらの動物の白化は突然変異で生じるので、例外的現象である。しかし日本のノウサギの多くは、日照時間と気温しだいで規則的に白化するのであり、それは例外現象でない（高橋喜平、一九五八・小原秀雄、一九七〇a・朝日稔、一九七七）。したがって日本のノウサギそのものが、瑞兆ひいては善の象徴とみなされたのは理にかなっている。

『古事記』（七一二年）神代記の有名な稲羽の素兎が白いウサギを指すのか、裸のウサギを意味するのか、両論がある。オオクニヌシに教えられた蒲黄は茶褐だから、ウサギがこれにくるまればその体色も茶褐になる、という朝日の指摘は当をえたものであろう。それでもなおかつ、稲羽の白ウサギの伝承が有力になった背景として、ウサギの白の強い印象を無視することはできない。

善の象徴とみられたウサギの説話として、『今昔物語集』（一一一〇年ごろ）二六―五をあげよう。

陸奥の国のある男の一三歳になる男の子が、継母の策謀により野原の穴に生きながら埋められてしまった。ついに息が絶えようとしたとき、急に甥に会いたくなったその子の叔父が、ウマを走らせて野原を通りすぎようとする。そのとき草のなかからウサギが飛びだした。叔父はそれにつられてウサギを追いはじめる。ところが弓の名手であった彼の矢は、不思議にもことごとくはずれ、しかたなく矢を拾おうと探しまわっているうちに、甥が埋められているのを発見し、ただちに救いだした。

この説話では、あきらかにウサギの指示によって不幸な少年の生命がまもられ、悪人の継母は懲罰をうけた。『日本霊異記』（景戒、八二〇年ごろ）上—一六では、生きたままウサギの皮をはいだ大和国の男が、ひどい皮膚病を患ったあげく悶死する。善の象徴を虐殺すれば、悪報は必然だろう。この種の説話は、ウサギが帝釈天の眷族だとする仏教の伝承からも理解できる（大場磐雄、一九八〇）。

ウサギは善の象徴であるのみならず、南方熊楠（一九一五a）がくわしく語っているようにしばしば悪兆でもあり、それはこの動物の狡智や臆病とも結びついている。ただしウサギの知能にかんする科学的判定はこれとはべつである。

「かちかち山」のウサギには、善の象徴のイメージに、狡智にたけたウサギのイメージが重なっている。さらに太宰治が『お伽草紙』（一九四五年）において試みたような、愚鈍で醜い男を翻弄する意地くね悪い少女、という解釈も充分の説得力をもつ。

タヌキの項で述べたとおり、「かちかち山」は、複数の説話をもとにして近世に創作されたようである。そのさい編集者にヒントをあたえたのは、あるいは『十二類合戦絵巻』の一場面であったかも知れない。十二支の動物たちが歌合をしているところに、タヌキが判者の役をつとめようとせせり出たが、十二類たちに追いかえされてしまう。その結果、既述の合戦がはじまる。タヌキが追いかえされる段を見ると、ウサギが卯杖をもってタヌキを打ちふ

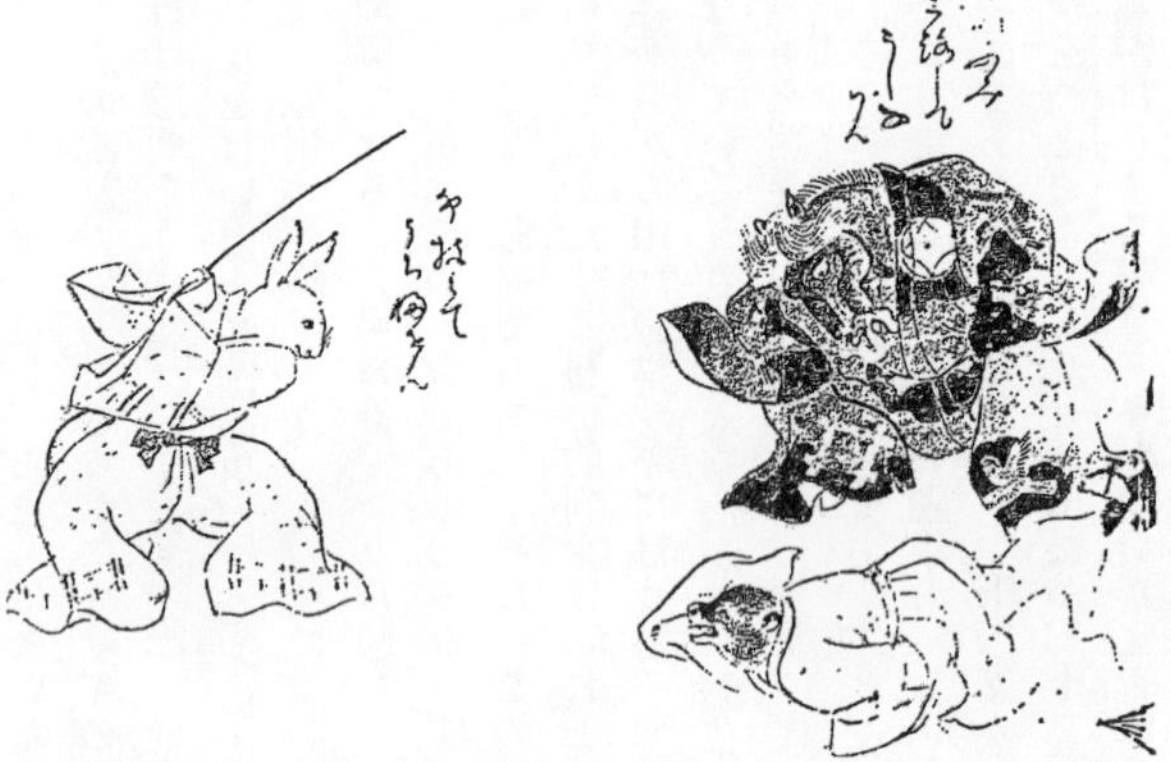

図１　卯杖をもってタヌキを打ちふすウサギ。『十二類合戦絵巻』

しているようすが描かれている。「かちかち山」のウサギは、今まで記したこの動物のイメージなしには現われなかったであろうが、その登場の直接のきっかけは、編集者がたまたま『十二類合戦絵巻』の一場面を見た、という偶然事だった可能性は棄てられない。

つぎに『十二類合戦絵巻』から三〇〇年ほどさかのぼり、一二世紀なかばごろの作とされている『鳥獣人物戯画』甲巻に目を転じよう。ここでもウサギが大いに活躍する。サルまたはカエルをあいてに、さまざまな競技などをおこなう。五来重（一九七六）によれば、『鳥獣人物戯画』甲巻におけるウサギ・サル・カエルの組合せは偶然に生まれたのではない。現在の日本各地で採集された昔話「動物餅争い」においても、この三種類の動物が餅の入手をめぐって争う。そこで五来は、この型の昔話がすでに一二世紀には成立していたのであろう、と主張した。

『鳥獣人物戯画』甲巻における動物の戯れの多くが競技であることをも考慮すると、五来の説はあながち否定はできない。では『鳥獣人物戯画』甲巻および「動物餅争い」において、ウサギ・サル・カエルが主人公に選ばれた理由はどこにあったのだろうか。この疑問について五来は、サルとウサギは山神、カエルは水神であり、それらが神話から脱化して昔話の主人公になったのだ、と答える。

けれども山神の動物態はウサギとサルにかぎらない。南方および大場によれば、ウサギは北陸・山陰を中心に西日本のいくつかの神社において、祭神またはその神使である。しかし『古事記』・『日本書紀』（七二〇年）・『風土記』（八世紀前半）等に示された古代の信仰をみるに、ヘビ・イノシシ・シカに比べるとウサギの印象は決定的に弱い。また中世以降における神がみの神使としても、ウサギの勢力はキツネ・サル・オオカミにとても匹敵しえなかった。カエルについても同様のことが言える。日本においては古代以来、水神としてはヘビが圧倒的な勢威を独占しつづけてきた。したがって『鳥獣人物戯画』甲巻における登場動物の選択が、山神・水神との関連で一義的に定まったとは考えられない。

柳田国男（一九三五・三六）は、動物昔話の主役になる動物は本格昔話のワキ・ツレ役が多い、と指摘している。そして彼は、この事実を、本格昔話の断片が自立発展して動物昔話が生まれたという彼の説と結びつけて論じた。しかしウサギは動物昔話に頻出するのに、本格昔話においてはほとんど顔を出さない。そこで多くのばあい、動物昔話が自立改変されたある段階で、ウサギが話のなかに外挿されたのではないか、という疑いが生じる。じつを言うと、現在流布している「動物餅争い」において動物の組合せは、ウサギ・サル・カエルの三者であるとはかぎらない。『日本昔話集成』第一部動物昔話（関敬吾、一九五〇年）が集めたこの型の昔話をしらべると、動物の組合せはつぎのようになる。サル：カエル28、サル：カニ32、ウサギ：カエル7、ウサギ：カニ1、サル：ウサギ2、サル：ウサギ：カエル5、サル：ウサギ：カニ2、サル：ウサギ：カメ1、サル：タヌキ：カエル1、サル：カエル：カニ1。

この組合せの変異を見て改めて考えると、争いにくわわる動物が三種類という構成は、動物昔話としてはこみいりすぎているように感じられる。とくにウサギとサルが山の側に、カエルが水の側に立っているとすれば、両者が均衡せず不自然である。思うに「動物餅争い」の原型は、サルとカエルまたはカニの争いだったのではないだろうか。ついでながらそれは、タヌキ・ウシ・サカナの項で述べた山（陸）神と海（水）神の交渉譚とも無縁ではないだろう。ただしこの昔話で活躍する動物は、山神・水神以前の山霊・水霊の段階でそのまま擬人化されたようである。

山海交渉譚の型の説話が動物昔話へと縮小する過程で、山の側および水の側の代表としてサルとカエル・カニが残った理由は、その挙動、たとえばサルの狡猾とカニ・カエルの愚鈍などの印象だっただろう。つぎに食物の種類がもはら餅として定着した段階において、月中で餅をつくウサギが連想され、そのウサギが加わる型がうまれたと考えられないだろうか。カエル・カニの鈍足と対比されたウサギの俊足が、この変化を支持したかも知れない。そしてその後、三者の競争が煩雑だと感じられ、サルのほうが落ちたケースもあったにちがいない。

『鳥獣人物戯画』甲巻の動物の種類が、ウサギが参入した段階での「動物餅争い」型説話の影響をうけた可能性は否定できない。しかしそれが肯定しえるとすれば、一二世紀なかばにはウサギと餅との結びつきが成立していなければならない。中国では漢代にすでに、月中のウサギが薬をついていた（諸橋轍次、一九六八）。日本においても富岡市の貫前神社の古鏡は、薬をつくウサギを描いている。これは唐伝来らしい（大場）。残念ながらウサギがつく薬が日本において餅に変った時期は知らない。

『鳥獣人物戯画』甲巻の作者は、いっそう単純な理由から、ウサギ・サル・カエルを主役に選んだ可能性もある。すなわちこの絵巻の主題を戯画的に表現するのにもっとも絵になる動物はウサギ・サル・カエルである、と作者が判断したとも想定できる。このばあい『鳥獣人物戯画』甲巻と「動物餅争い」の主人公の一致は偶然だ、ということになる。

カニ

ヘイケガニの伝承はあまりにも有名であるが、その文献上の初出を明らかにしえない。博捜というほどの努力は、私の無精にふさわしくない。たまたま『塵塚物語』（一六世紀）がこれにふれているのを知ったのみである。その二—七につぎの挿話が記されている。

足利義満が長門の阿弥陀寺を訪れたとき、院主が、平氏の亡兵の霊がカニに生まれ変り近海に住んでいると述べ、実物を示した。そこで義満は、平氏の怒りと怨みは消えることなく、その魂はついにムシになってカニに転生したのだろうと、ひとしおの感慨をもらした。

かつてヘイケガニの進化について、生物学的な議論がかわされたことがある。主として酒井恒（一九五六）によりその大要を紹介しよう。第二次大戦の終了直後、イギリスの進化学者ハックスリがヘイケガニの標本を見て、一九五四年に奇抜な仮説を提出した。これによれば、日本人はヘイケガニを平氏の亡霊と忌み恐れ食用にしなかったので、憤怨去りがたく歯ぎしりした武者の形相をよりつよく連想させる系統が生存率において他にまさり、現在のヘイケガニが形成されたのである。

ハックスリは発表に先だって酒井に意見をもとめてきたので、酒井は四つの難点をあげてハックスリの着想に異をとなえた。第一に、ヘイケガニは壇の浦や屋島だけでなく、日本・朝鮮・中国の浴岸にひろく分布する。第二に、これら各地のヘイケガニのあいだに大きな変異はない。第三に、日本人がヘイケガニを食用にしないのは、平氏の亡霊をおそれるからではなく、小さくて食用に適さないからである。第四に、平氏が滅亡してからわずか八〇〇年しか経過していないので、大きな進化は不可能である。しかもヘイケガニの類は少なくとも八〇〇万年前にはすでに繁栄していた。

酒井の批判はおおむね妥当であろう。とくに一六世紀（おそらくその中葉）の『塵塚物語』にヘイケガニ伝説が記載される以前、すなわち平氏の滅亡後四〇〇年たらず後には、この伝説が誕生していたことになる。さらに義満のエピソードが実話であるとすれば、伝説出現までの時間は二〇〇年に短縮される。かくして酒井が示した第四の根拠は、いちじるしく強化されるだろう。しかしヘイケガニは、平氏の怨霊としてのみ恐れられたのではなく、中山太郎（一九二六）によれば、地方によって島村ガニ・武文ガニなどとよばれ、いずれも入水して無念の死をとげた武将の名がとられている。そのほか鬼面ガニ・幽霊ガニと称せられる例もみられる。

一般にヘイケガニ科の各種の甲の形態を比較すると、平氏の武者の表情を眼前に彷彿とさせるヘイケガニを迫真の極として、人面との類似のていどはさまざまである。すぐあとで述べるように、古くカニは水の霊とみなされてきた。そのなかでヘイケガニ科の各種は、その甲が人の顔に似ているので死者の霊と結びつく傾向を示したのではないか。そしてこの傾向がなにがしかの生存価をカニに付与した可能性を、完全には否定できないのではないか。

カニが霊的な動物であることは、中山太郎（一九三〇）によって指摘されている。彼はカニの脱皮、月のみちかけとの関係、およびその形態がこの動物に霊性をあたえた、と主張している。さらに伊波普猷（一九〇六）および南方熊楠（一九二〇b）は、南西諸島においてカニを出産直後の産室にはわせ、または命名儀礼のときに新生児の上にははわせるなどの事例をあげ、このような習俗を『古語拾遺』（斎部広成、八〇七年）のカニ守の由来譚とむすびつけている。これによれば、ヒコホホデミの妻トヨタマヒメがウガヤフキアエズを産むとき、掃守連の祖アメノオシヒトがほうきをつくって、産室にはうカニをはらった。掃守《かむもり》の名はカニ守の転である。

南西諸島の民俗において、カニにむけられた関心はきわめて大きい。それを示す代表例は、八重山の「網張ぬミダゴウマゆんた」であろう。このゆんたは、網張の浜に住むカニ、ミダゴウマの誕生日に、さまざまな種類のカニが総出で余興芸能を演じ、神饌をしつらえ参加者に供応する、という内容の歌謡である。まずはじめにミダゴウマは、自分は川の主だと名乗りをあげる。この名乗りは人びとの心のなかにあるカニのイメージを直截にあらわす。ただしカニは、ひとしく水霊であるヘビや大型水生動物にくらべて、人を畏怖させる霊威にとぼしい。そのことはおなじカニの歌謡であるが、悲しいカニの境遇をうたった「ヤクジヤマ節」に表現されている。ヤクジャマとよばれるカニは、海人の漁火に追われて身を隠す場所がない。

「ミダゴウマゆんた」より「ヤクジャマ節」の成立のほうが新しいのであろうが、それにしてもヘビなどは、忌避されることがあっても、これほどまでに落ちぶれはしなかった。

思うに、カニは水の神というよりは水の精霊であり、人にたいする善報・悪報とも激しい神の域にまで進化しえないままに終った。それは人格化される以前の原始的な見えざるタマから大きくは離れない地位に停滞した。明るい月の夜、終りもなく繰りかえされる波のひびき、ゆるやかで大きな潮の流れ、遠くから吹きよせる風の声、そのなかでかすかな音をたてて、どこからか人気のない砂浜に集ってくる小さなカニの群。往古の人たちはそこに水霊の示現を見、やや近くは、水没した名も知れぬ無数の死霊のこの世への執着を感じとったのであろう。さきほどの議論の反復になるが、ヘイケガニ科のカニの擬人化は、このような背景のもとに生まれ、そののち平某・島村貴範・秦武文などの悲運の英雄伝承と結びつくにいたった、と推定される。

カニにかんする説話としてもっとも著名なのはカニ報恩譚であろう。文献におけるその初出は『日本霊異記』（景戒、八二〇年ごろ）中―八・一二の両話である。一二話のほうのあらすじを記そう。

山城国のある娘が、ウシ飼いの村童に捕えられていた八匹のカニを、衣裳とひきかえにもらいうけ放してやった。そののち娘が山に入っていたとき、彼女はカエルを呑もうとしているヘビに「このカエルにかえて、われを妻とせよ」とたのみこみ、カエルを助けた。娘が約束の履行を迫るヘビを恐れ、行基に相談すると、行基は三宝を信じるほか逃れるすべはないと説く。そこで彼女は家の戸を閉じ、ひたすら三宝にすがり念じていた。七日目にヘビが訪れ、尾で壁をたたき屋根にのぼって穴をあけ、娘の前に落ちてきた。そのときカニが八匹あらわれ、ヘビをずたずたに切り裂き彼女を救った。それからのち、山城では谷川のカニを貴び、供養し放生する習慣がうまれた。

『日本霊異記』の研究者たち、黒沢幸三（一九六八）・守屋俊彦（一九七一）・駒木敏（一九七九）・中里隆憲（一九八二）は一致して、中—八・一二がヘビ神と巫女の神婚伝承を母体にして成立した、と認めている。しかもヘビ神の霊威が衰え、人の手にかかり殺害されるという結末については、この説話は『源平盛衰記』（一三世紀後半）三三の緒方三郎伝説や現在おこなわれている「ヘビ聟」昔話とひとしい。緒方三郎伝説において、娘のもとに通う山神のヘビは、針の毒で命を失う。そして『日本霊異記』中—八・一二話ではカニの鋏が針の代役を演じている。

九世紀の初頭には、緒方三郎伝説の型の民話がすでに語りつがれていたと思われる。これにカニ報恩譚が結合し、針のかわりにカニの鋏がはいったのであろう。では、なぜヘビと人の異類婚姻譚にカニ報恩譚が結合することになったのであろうか。中里は、山城の久世寺でカニの放生会が修せられており、これがヘビ聟型の民話と結びついた、と想定している。中―一二の結末を考えに入れても、肯定しえる見解である。しかしそうだとしたら、なぜカニが放生会に使われたのか。サワガニのような淡水産のカニは、サカナ類にくらべて扱いが容易だっただけでなく、それが水霊とみなされていたことも関連していたに違いない。けっきょくカニは、いささかの霊性と特異な鋏のおかげで、緒方三郎伝説型の民話にまぎれこむことができたのである。

カニ報恩説話を下敷きにして創作された現代の小篇に、日影丈吉の『月夜蟹』（一九五九年）がある。神経を病んで千葉県の海岸に静養していた「わたし」は、ある日砂丘に一人の若い女性を見る。「わたし」は、彼女をフランスの伝説上の水精、蛇身のメリュジーヌと同一視し、異常に惹かれていく。「わたし」はまた、彼女をモデルにもちい、踊るカニの群れに囲まれ海を背に髪をなびかせた女性を描いている在地の画家と親しくなる。そののち月夜の浜のカニの幻想が二度あらわれる。第一回目。入江のなぎさをおおう無数の小さなカニたちが、そろって左巻きに渦を巻いて旋回している。その中心には一匹のカニがまっすぐ立って鉗をふりながら合図をしている。よく見ると、それは例の画家の縮小した姿だった。彼はカニだったのである。第二回目。入江のなぎさにメリュジーヌの女性が、胸をずたずたに切りさかれて倒れている。そして彼女の露出した脚のうえに、小さなカニどもがしだいに数を増しながらはい上っていた。「わたし」は彼女の命をうばった真犯人を警察に告げた。カニである。カニたちが蛇身の水の精を嫌ったのである。ヒトガニの画家がメリュジーヌと関係をもつのを未然にふせぐため、月の夜、カニの群れが彼女をとらえ切りさいたのである。「わたし」の通報にもかかわらず、やがて、精神病の妹をもてあました若い軍人が、犯人として逮捕された。

酒井は、じっさいチゴガニなどが干潟で、集団ダンスのような仕草をみせることを認めている。

トカゲ

日本の古い記録においては、管見にはいるかぎりトカゲについての強い関心はみられない。しかし一九世紀にいたって松浦静山の『甲子夜話』（一八二七年）には、トカゲをめぐる世間話が収載されている。その二六―五によると、ある家の庭の竹籬の小口から糸のような白気が生じ、飛び石の上に落ちてこれをぬらしていた。家人が不思議に思いしらべてみると、気を生じている竹藪のなかにトカゲがいた。静山いわく。「このムシは長身四足にして蛟の類なり。然ばこの属はみな雨を起すものなり」。『甲子夜話』続篇（一八三三年）六一―一四も、トカゲの世間話である。観世左近が勧進能を演じたとき、竜巻が発して舞台の屋根をことごとく巻き去り、筋違御門内の広地に落した。その前日、松平伊州の辻番所の手水鉢の水に、長さ七〜八寸のトカゲのようなものがどこからか来て、終日泳いでいた。「是定めし蛟竜ならん」と人びとが言いあっていた。

前者のトカゲの機能にはさして驚かないが、後の話において竜巻までひきおこすとは、トカゲの仕業もあなどりがたい。しかし中国の『管子』（前七世紀）一四によれば、竜はカイコ大から天下を蔵するほどの大きさまで伸縮自在である。したがって七〜八寸のトカゲが舞台の屋根を吹きとばすばかりの異能を発揮したとしても意外ではない。

中国においては古くから、トカゲ・ヤモリの類の怪異が記されている。『列仙伝』（三〜四世紀？）下の騎竜鳴は、池のなかにいたヤモリのような動物を飼育したが、これはやがてリュウに成長して去った。ずっと時代が降って、李時珍の『本草綱目』（一五九〇年）四三は、竜類九種の一つとして石竜子すなわちトカゲをあげ、「よく雹を吐き、雨を祈るに用いられる」と述べている。

『本草綱目』の竜類には、トカゲとべつに蛟竜の項があり、『述異記』（任昉《じんぼう》、六世紀）および『広州記』（裴淵）を引き、竜に属し鱗あり、ヘビに似て四足を有し、サカナ類をひきいて飛ぶ、と記載している。さらに『述異記』などよりはるかに古い劉安の『淮南子』（前二世紀）四によれば、蛟竜はすべてのサカナ類の祖である。総じて言えば、水にもっともゆかりの深い竜が蛟であるらしい。日本においても、寺島良安の『和漢三才図会』（一七一三年）四五の蜥蜴および蛟竜の項では、『本草綱目』の上記の説明がほとんどそのまま写しとられている。

『本草綱目』は近世日本の知識人に非常に大きな影響をあたえた書物である。それゆえ『甲子夜話』においてトカゲが、ヘビに似て四足、水に縁がふかい蛟竜に擬せられたのは、『本草綱目』をはじめとする中国古典の学習の結果であるかも知れない。

日本におけるリュウの観念が、中国の竜およびインドのクリカラサ、ナーガをもとにして形成されたことは言うまでもない。南方熊楠（一九一六）や森豊（一九七六）は、ヘビ・ワニとともにトカゲが、これらの国において竜・クリカラサ・ナーガのイメージの原形になった、と主張している。しかし日本に住むトカゲは、飛ぶことができないのは致しかたないとしても、長さ二〇センチていどで短小にすぎる。竜は伸縮自在なのかも知れないが、縮小状態でしか人の前に姿をあらわさないのでは、その霊威に疑いをいだく人が多くてもしかたがない。『本草綱目』においても、蛟は長さ一丈余と述べられている。一九世紀までトカゲの怪異譚が稀なのは、あるいはこの現実と関連があったのではないか。

図２　蛮産のカアイマン。『物類品隲』

ところが一八世紀後半になって状況が変わる。いわゆる紅毛人が、海外産爬虫類の標本を持ちこんだ。平賀源内『物類品隲《ぶつるいひんしつ》』（一七六三年）四の鼉竜の項にいわく。「蛮産、紅毛語カアイマン……形守宮蛤蚧ノ如ク四足アリ。頭ヨリ尾ニ至テ鱗アリ、三角ニシテ甚尖、……此ノ物、カラハア（ジャワ）、シャムロウ（タイ）ノ洋海中ニアリ。人舟中ヨリ形ヲ顕セバ忽チ水中ヨリ踊出テ是ヲ食フ……」。

源内の説明によれば、田村藍水が長崎でその標本を入手した。長さは二尺。付図に描かれた爬虫類はアガマ科のカロテストカゲである、と高田栄一（一九八六）は同定している。ちなみに『本草綱目』において鼉竜はワニを、守宮・蛤蚧はある種類のヤモリやトカゲを指す。『本草綱目』の鼉竜は長さ一丈、いかにもリュウにふさわしい貫禄をみせる。これにたいし『物類品隲』の図の鼉竜の二尺は、スケールが小さすぎはしないか。

森島中良の『紅毛雑話』（一七八七年？）四には、ワニ、蛮名カイマンまたはコローコジルにかんする記載があり、ヨンストンスの『動物図説』（一六四九―五四年）にもとづく図がそえられている。中良によれば、ワニはカアプ（ケープタウン）、ジャワのあたり、すべて南海の内に産し、海底に潜り陸路を走る。さらにワニが婦女をたぶらかして犯し、人に憑依するという聞き伝えも記している。ワニの項の末尾に中良は、「田村西湖先生の家に、此魚の小なる物の、薬水に浸したるを蔵す」と付記した。西湖は藍水の長男であるから、ワニの「小なる物」の標本は、『物類品隲』の鼉竜の標本と同一物であろう。してみると源内や中良は、日本のトカゲよりは大きいがワニよりは小さいカロテストカゲを媒介にして、ワニの実の姿をおしはかったことになる。

『紅毛雑話』一には、あとひとつ爬虫類の記述・図示がある。竜、蛮名ダラーカは「南海の中カアプ国に多く産す。……大なるに至りては、三〜四丈に及ぶとなり。往年トインベルゲという蛮人、予が家兄のもとへ竜の子の薬水に浸したるを送る。……頭より尾先まで一尺五寸ばかり。左右の肉翼まったくコウモリの翼に似たり。四足はサンショウウオの如く、全体の形状たとゆべきに物なし。漢に所謂応竜ならんと、伯氏は鑒定《めきき》せられぬ」。

すこし注すると、トインベルゲは今ではふつうトゥーンベリと表記されるスエーデンの博物学者。一七七五年にケープタウン、ジャワを経由して来日し、一年半ほど日本にとどまった。また引用文中の家兄および伯氏は、いずれも中良の実兄、桂川甫周を指す。甫周は将軍の侍医であり、甫周・中良の兄弟はともに源内と親交があった。

甫周はダラーカを応竜と同一視したが、『本草綱目』によれば、竜の属のうち翼あるを応竜という。甫周はこれに依拠したのだろう。さて中良が図示した動物は、小原秀雄（一九八四）によると、

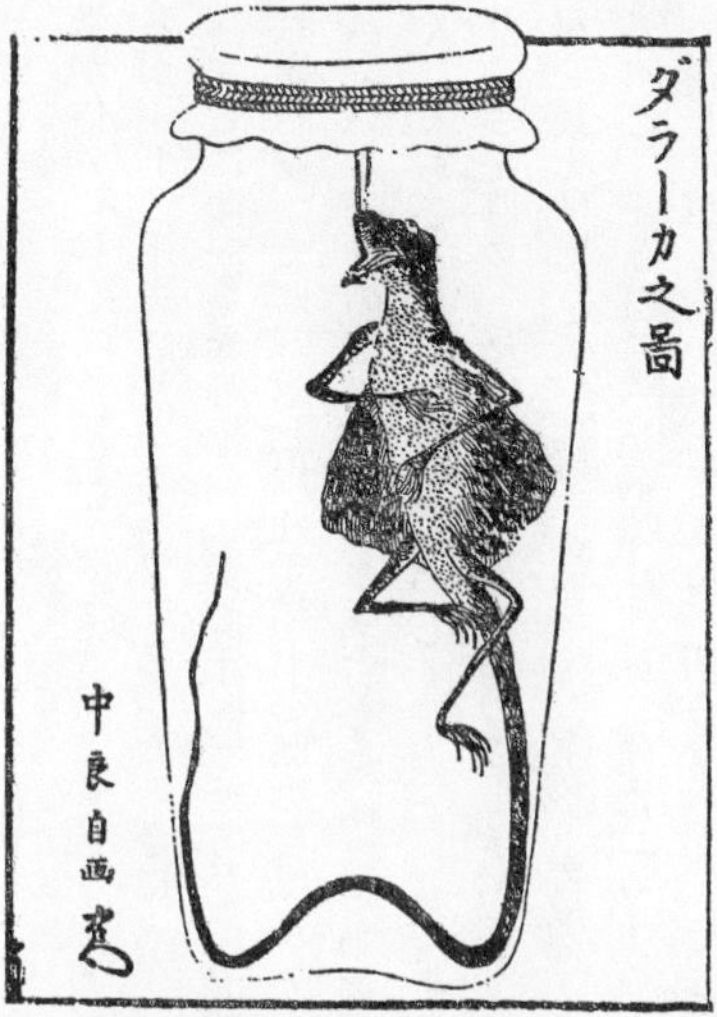

図3　蛮産のダラーカ。『紅毛雑話』

トビトカゲである。このトカゲは、インドネシアから西イリアンにかけて生息し、数本の肋骨が体外に伸びて皮膚膜をささえ、この膜をひろげて滑走する。中良はカアプの産としているが、トゥーンベリがジャワにあったときに入手したのであろう。

さらに滝沢馬琴等編の『兎園小説』(一八二五年)一一のうち、山崎美成講じる「孫七天竺物語抄」では、一七六九年洋上を漂流してインドに着いた孫七という男の見聞記が紹介されている。この地の大河にホァヤとよばれる動物がおり、「其貌、絵にかけるリュウのごとく、くちびる鼻かまちいかめしく、左右に長き髭あり。耳ありてリュウの角なきばかりなり。手足四つ。爪四つ。尾先に鰭のごとき剣あり。うろこ厚く青く黒し。六尋七尋より一三尋を長とす」。これが孫七の談であるが、美成注していわく。「このホァヤという魚はワニなるべし。……ワニの蛮名カイマン、またコローコジなどいえり」。

髭と耳がどこから出てきたか知らないが、そして六〜一三尋の長さは誇大としか思えないが、美成や馬琴のような一九世紀初頭の知識人が、オランダ人のもたらした新情報にも照らして、リュウに似た動物の実在をつよく印象づけられたのは事実であろう。馬琴は杉田玄白と知りあいであり、『兎園小説』二によれば、玄白はその晩年に馬琴を訪れている。言うまでもなく玄白は、源内や甫周・中良兄弟とも知己であった。美成が蘭学者たちと直接の交際をもたなかったとしても、彼らの著作にはなじみであったろう。

いずれにせよ、主として蘭学者をつうじて日本に入ってきた東南アジア・南アジアに住むワニ、比較的大きなトカゲ、および飛ぶトカゲの知識を媒介にして、日本の小さなトカゲがリュウのイメージと重なりはじめた可能性が大いにある。『甲子夜話』正続篇のトカゲの怪異には、このような時代的背景があったのかも知れない。トカゲを竜属に帰する中国本草学の素地が前提にはなっていたであろうが。

ワニをめぐる当時の状況についてもう少し考えたい。他の機会（中村禎里、一九八四）に述べたとおり、古代以来日本人にとって、ワニは海に住む神怪な動物（松本信広、一九三〇・三一）の漠たる表現であった。それはワニ・サメ・イルカ・クジラ・ウミヘビなどを包括する巨大な民俗的範疇である。近世においても依然としてその霊威が残存していたことは、二〜三の世間話などから知られる。紙幅の関係でその具体例を紹介することはできないが、このような世間話が流布していたちょうどそのころ、南海の現実のワニの知識が伝えられたのである。こうして現実のワニは、一方では先述のとおりトカゲの怪異の誕生を媒介したが、他方では日本の平凡なトカゲの類似物であるという正体をあらわしてしまい、逆にこのトカゲに媒介されて、漠として神怪なイメージを失いはじめた。それがまわりまわってリュウとトカゲの威力をも奪う結果となったのではないか。

田中優子（一九八二）の表現をかりると、一八世紀の江戸において日本ははじめて地球に属するにいたった。中国との対峙においてのみ考えられていた価値観が、ここで根本的に転換したのである。中国的本草学の体系と『物類品隲』の世界が火花を散らしたそのたまゆらに、トカゲの怪異はうまれ、そして消えた。

イタチ

『曽我物語』流布本系（一四世紀末?）一二に、イタチの怪異が語られている。曽我十郎祐成・五郎時致の兄弟、および彼らに討たれた工藤祐経の三者の共通の曽祖父伊東祐隆にまつわる記事である。祐隆が酒宴をひらいていたとき、持っていた杯のなかに空から大きなイタチが落ち入って、彼のひざに飛び移ったと見えたが、たちまちどこへともなく消え失せた。にもかかわらず、さしたる祈禱もしないまま放置したので、いくほどもなくて祐隆は死去した。

イタチが吉凶を予兆するという説は、これよりはやく『平家物語』（一三世紀なかば）四および『源平盛衰記』（一三世紀後半）一三にあらわれる。これらによると、後白河法皇が鳥羽に幽閉されていたとき、赤く大きなイタチが御所内を走り騒いだ。安倍泰親に占わせると、三日以内に吉凶の両方が出現すると判じた。翌日、法皇は鳥羽から解放された（吉）が、平氏にたいする皇子高倉宮の叛乱計画が露見し、宮は討たれてしまう（凶）。『平家物語』のイタチ騒動の話は、動物学的に可能な報告であろう。しかし『曽我物語』における空から降るイタチの挙動は、いかにも異様である。

近世になると『本朝食鑑』（人見必大、一六九七年）一一、『大和本草』（貝原益軒、一七〇九年）六、『和漢三才図会』（寺島良安、一七一三年）三九、『倭訓栞』（谷川士清、一八世紀後半）上などの本草書・事典に、イタチの怪が記されるが、各書の記載に大異ない。群をなして鳴けば吉凶あり、またその群は夜間に高い火柱をあげ、火災をひきおこす。『倭訓栞』はこれに加えて、イタチの道切りの忌を述べている。人が行く前をイタチが横切ると凶とされた。

現代の民俗調査があきらかにしたイタチの怪異もそれほど変らない。早川孝太郎（一九一六）は、イタチの鳴き、火柱、道切りの俗信を報告している。柳田国男（一九一六）によれば、川のほとりでアズキを洗う音がするというアズキ洗いの言い伝えが各地にひろがっており、そのいちぶはイタチのしわざだとされる。さらに柳田（一九三八・三九）は、やはりイタチのいたずらとしてミノムシの怪をあげた。小雨の降る夜などに火が現われて、蓑のはしにつき全身をつつむ。ただしこの火は熱くはない。さらに相馬由也（一九一八）は、イタチが入道に化けるという伝承を紹介している。

ここで一つ注目すべき事項を指摘したい。柳田・相馬はいずれも、アズキ洗い、入道への変身のような妖異が、タヌキによってもなされると述べている。この事実を念頭において時代をさかのぼると、『類聚名義抄』（一二世紀）では、狸の訓としてタヌキなどのほかイタチがあげられている。

『古今著聞集』（橘成季、一二五四年）一七—六〇三はつぎのような怪談である。正体不明のものが光を発して池のなかと岸辺の木の上を往復し、水トリを狩りにきた男をからかう。近くに来たところを見ると、光のなかで老婆がニタニタ笑っている。そこで捕らえると、化物は男を池のなかに引きこもうとするので刀で刺した。ついに化物は正体をあらわし、ムクムクした狸の姿を見せた。ちなみにおなじ書物の六〇八話では、同一の動物が狸ともタヌキとも表記されているので、六〇三話の狸もタヌキと訓まれていたことはまちがいない。

さて『古今著聞集』六〇三話の狸は、水中において自在のようであり、また飛翔能力をもつ。『宇治拾遺物語』（一二〇〇年ごろ）一二—一三はややこれに近い説話であり、動物は大きなムササビとなっている。したがって『古今著聞集』六〇三の狸には、ムササビ的要素の存在が推定できる。けれども池のなかに人を引きずりこむようすは、ムササビの行動にふさわしくない。ここでイタチにも出番がまわってくるようである。イタチは水辺を好む。たくみに泳ぎ、足指のあいだに水かき状の膜がはってあるほどの適応を示す。さらにイタチをふくめイタチ科の動物の多くは木に登る。

とくにテンは木登りを得意とし、木の枝から飛び降りることもあるし、山小屋の屋根から近くの木に飛び移る芸当もこころえている（斐太猪之介、一九六七）。このような特性を考慮すると、『古今著聞集』六〇三の狸には、イタチおよびテンの姿も重なって見えてくる。

テンは木に登り、タヌキの穴にも寝る。しかもイタチとことなり果実を好み雑食性の傾向を示す点でも、タヌキと共通点をもつ。大きなテンと小さなタヌキでは、体長もそれほどちがわない。尻尾もタヌキほどではないがいくぶん太い。怒るとネコがけんかするときのようなフーッという声を出し（山本福義、一九七九）、対馬ではテンはヤマネコの一種とみられている（朝日稔、一九七七）。なぜここでネコとの同一視が問題になるかというと、ネコの項で述べたとおり、中国では狸はヤマネコ様の中型野生動物を意味する。

このようにさまざまな視点から総合的にイタチとテンを観察すると、これらイタチ科のなかで比較的大きな種類が、狸またはタヌキの範疇に近接することがわかる。

テンはもちろん形態的にイタチに似ているが、それよりも少し大きい。『本朝食鑑』および『和漢三才図会』では、イタチは老いてテンになる、という説を紹介しているほどである。そこで話を本項冒頭にもどすと、空から伊東祐隆の杯におちてきた大きなイタチは、あるいはテンかも知れない。木の枝から飛び降りるというテンの習性にも一致する。近世以来雷獣とよばれ、雷とともに空から降りてくるとされた動物の有力な候補の一つもやはりテンである。日野巌（一九二六）は、雷獣とはけだしイタチ科とリス科の動物であろうと推測し、小原秀雄（一九六四）は、ハクビシン・テン・アナグマ・イタチ・キツネなどの要素の混在をみとめている。

日本に住む陸生イタチ科の動物で、小型のイタチと言うべき存在に、オコジョとイイズナがある。いずれも最大でも体長二〇センチに満たない小動物であるが、残忍な肉食動物である点ではイタチと変らない。

柳田（一九六〇）は言う。オコジョやイイズナは、「著しくキツネの影響を受けては居るが、とにかくに山から去来したまう農作の神の、一種のミサキであった」。ミサキとは「神の通行の御先払い」と考えられた小動物である。しかしミサキまたはオサキとは、農作の神にかぎらない。狩猟民にとっても、畏怖すべき山神の使いであった。千葉徳爾（一九六九、一九七一、一九七七）によると、オコジョやイイズナは、山の神の使いであるから狩猟の対象にはならない。

このように民俗的な信仰の立場から特異なあつかいを受けている小動物は、ミサキ・オサキ・クダ・イズナなど、地方によってさまざまな呼称でよばれ、オサキキツネ・クダキツネのようにキツネの語を接着して用いられることも多い。これは柳田が指摘したとおり、オサキなどがキツネ信仰から派生したことを示唆するが、オコジョ・イイズナそれにときにはイタチも、キツネ的な動物とみなされる素地をもっていたのであろう。

一般にキツネは、タヌキにくらべて体形がスマートで挙動はすばやい。イタチ科の小動物のおなじ特性が、これらをキツネの小型代替物の役割にみちびいたのであろう。ただしオコジョとイイズナについては、冬の白化現象が神への従属をいっそう有利にしたと思われる。

オサキ・クダなどは、人に憑依することによっても広く知られている。村落のなかにクダなどをもっている家筋があり、これが他の家の人に憑く。ときには意図的にクダなどを飼育して、祈禱、口寄せ、占いに使役するともいう。とくにイズナは、巫女・山伏のような専門的な術者の小道具とされる例が少なくない（石塚尊俊、一九五九）。イズナは箱に入れて持ち運ばれるそうであるから、術者にとってキツネやイタチよりも、小さなオコジョ・イイズナのほうが便利であっただろう。ちなみに、ここで言うオコジョ・イズナを動物学日本名のオコジョ・イイズナと厳密に一対一に対応させるべきではない。後者は前者をもとにして命名された動物分類学の標準和名であり、前者は民俗的な名称である。

クダやイズナは、山神の使い、憑きもの、呪具などとしてさまざまな場面で活動するが、それらの諸機能のあいだに関連があることは疑いない。発生的な前後関係を速断することはさけたいけれども、千葉（一九七七）のつぎの意見には傾聴すべきであろう。彼によれば、甲斐・武蔵などで、オコジョまたはクダをもつ家がかならずしも敬遠されなかったのは、これらがかつては山の神の加護をうけていた家系であったことを示唆する。さらにつけくわえると、山嶽信仰の行者・呪者が、山神からその使者を借りて、神の霊威を代理したという経過も理解しやすい。

ところで中国および日本の本草学において、イタチ科の動物の多くは鼠類に属する。中国の『本草綱目』（李時珍、一五九〇年）のなかで、イタチ・テンにほぼ対応する名称は鼠類一二種内にあり、それぞれ鼬鼠・貂鼠である。日本の本草書・事典についてみると、『和漢三才図会』・『本草綱目啓蒙』（小野蘭山、一八〇三年）では鼠類においてその記述がある。

伝統的な本草学の鼠類は、齧歯類ネズミ・ヤマネ・リスの各科、食虫目モグラ・トガリネズミの両科、および食肉目イタチ科の過半によっておよそ構成されているようである。

今までの考察を総合すると、本項でとりあげた動物たちはどうやら、日本人の民俗分類においてキツネ・タヌキ・ネズミの三圏の接点に位置していると思われる。

ヘビ

『常陸国風土記』（七一五年ごろ）行方郡《なめかたのこおり》の項に夜刀《やつ》の神という名のヘビがあらわれる。箭括《やはず》の氏のマタチが葦原を切りひらき田を耕そうとしたとき、夜刀の神の群がそれを妨害した。怒り心頭に発したマタチは、このヘビどもを打ちすえ、山のほうに追いやっていわく、「ここより上は神の地となすことをゆるさむ。ここより下は人の田となすべし」。

神にしてはあっけなく敗走したものだが、それでもこのヘビ神は、けっこう恐ろしい形態・機能をも示す。形態的には頭に角をいただき、凡庸なヘビでないことを証明している。機能的にも、彼らを直視したものの一族は滅び子孫は絶える、とされるほどの威力をもつ。

日本人のヘビ思想にかんして、この説話のなかで注目すべき点がいくつかある。第一に、ヘビ神の基本的性格が問題になる。日本の民俗学においては、ヘビ神はなによりも水の神ないし田の神であると見られてきた。しかしここではむしろ、水田の開発経営と対立する神として描かれている。夜刀の神の話は一つの傍証にすぎないのだが、ヘビが豊饒神信仰とむすびついて、農耕の保護神の一面をもっていたとしても、それはがんらい山神の属性の一部であった。そののち山神としてのヘビは、人びとが新たに発展させていった文化にたいし正負二様に対応していったのだろう。ひとつには文化（＝農耕）と対抗する自然（＝山）の象徴として、あとひとつは自然（＝山）のふところにいだかれた人びとの文化（＝農耕）の守護者として。夜刀の神は前者を代表している。

第二に留意すべきなのは「夜刀」の漢字表現である。ヤツは谷を意味するが、これに無作為に「夜刀」をあてたのではあるまい。日本に鉄器が渡来したのちへビ神と刀神が互換可能になることは、松本信広（一九三一）をはじめ多くの研究者の指摘するところである。最近の業績をあげると阿部真司（一九八一）は、へビ信仰は製鉄製銅を主掌する帰化系氏族の共同幻想でもあった、と論じている。これで「刀」がえらばれた理由はわかるが、「夜」はどこから来ているのだろうか。

黄泉の奥つ城で死臭を発するイザナミの体には八種の雷がまといつく。この雷がへビだとする意見は、津田左右吉（一九一九、一九四八）以来有力である。黄泉《よみ》は闇《やみ》と通じると思われ、死者の住む夜の世界のイメージをあらわす。この世界をまもるへビに「夜」の字をあてたのは適切な選択であった。

夜刀の神の説話で第三に注意をひかれるのは、このへビを見ると一族絶えるという伝承である。南方熊楠は邪視の現象につよい関心をいだいていた人であるが、彼（一九一七）はへビの邪視力についても強調している。へビの邪視力はおそらく吉野裕子（一九七九）が指摘するとおり、この爬虫類にまぶたが欠失していることに関連していよう。夜刀の神を見るときには彼からも見られる。それが破滅のもとになる。

第四に、夜刀の神は角をもっていた。霊威をふるうヘビの角や耳はめずらしくない。おなじ『常陸国風土記』の香島郡の項にも、ヘビの角にかんする地名起源説話が載せられている。南方は『太平記』（一四世紀後半）一五以下の文献をあげ、ヘビの角や耳の記載の例を示した。現在でもなお、甲羅をへたヘビに耳が生えるという伝承が残っていることは、松山義雄（一九五三、一九七八）が語るとおりである。ヘビにおける角と耳は、中国の竜イメージの渡来と普及を示唆する。森豊（一九七六）および中野美代子（一九八三）によると、殷の時代（紀元前一六〇〇年ごろ―前一〇二七年）にすでに、竜の観念は成立していた。そして紀元前四世紀ごろの中山王陪葬墓からは、角または耳つきの竜の造形が出土している（中野）。

日本におけるヘビ神の性格は複雑で多岐にわたり、そのいずれが基底にあるのか判じがたい。吉野はヘビ神の山神・水神・農耕神・歳神・海彼神・祖先神などの諸側面をあげ、なかでも祖先神としての性格に重きをおいているように思われる。阿部は、それが基本的には大地母神であるとしながらも、やがて死を管理する神、（鉄）剣神・水神・雷神としての諸性格が派生したと主張している。しかし『古事記』（七一二年）・『日本書紀』（七二〇年）・『風土記』（八世紀前半）の伝承が形成された時代、日本人の生活にもっとも深くとけこんでいた自然神は、さきに述べたとおり山神であったと思われる。もちろんその動物形態の化身はヘビには限定されず、イノシシ・シカ等も広く信仰されていただろう。

ヘビ神のさまざまな神格は、大ざっぱに言えば山神の展開形態とみることができるが、ヘビはとくに水を支配下におさめ、水田耕作を保護する方向に転じていった。水界の支配について言うと、第一に、海彼のワニ神が陸封されてヘビ神に吸収された（中村禎里、一九八四）。さらにヘビはウミヘビ崇拝との混交（谷川健一、一九七四）や中国の竜イメージとの結合に助けられ、そしてもともと湿地を好む習性とあいまって、水神としての属性を強力に同化していったのだろう。ヘビと川および稲妻との形態上の類似が、この同化作用をさらに促進したのかも知れない。とはいえ、以上はヘビが水神でありえたことの説明にはなるが、水神がヘビであることの説明としては役だたない。なぜなら、たとえばサカナ類はヘビよりもはるかに水に縁がふかい。しかし彼らは陸にあがることができない。水田をも勢力範囲に収めねばならない水神は、水に住んだままでは失格であろう。彼には陸のうえで水を処理する能力が問われる。

すこし脱線したが、脱皮再生への注目と男根への連想をあわせて、山神としてのヘビは豊饒神でもあり、焼畑農耕をも保護の対象としていた。この豊饒神としての一面があらたに身につけた水の支配力と結合し、ヘビは田の神として登場する。しかし『古事記』・『日本書紀』・『風土記』説話の形成期においては、日本の農業で焼畑農業が占める比重が圧倒的に大きかったのではないだろうか。ついでになるが、シカやイノシシは水と縁がうすく、また農作物を荒らすので田の神への発展は妨げられたと考えられる。この点、おなじ哺乳類でも肉食を主とするキツネは、そのぶんだけ田の神との連携に有利だったろう。

ヘビにかぎらず山神には祟る作用があり、人びとの健康をそこなうことは『古事記』景行記における足柄の坂本のシカ、伊吹山のイノシシの例をみても明らかである。ヤマトタケルの病死の伏線として、伊吹山の山神イノシシとの遭遇が語られている。一般に山神と死のイメージとのつながりは、あるいは山地における風葬・土葬の習俗と関連しているかも知れない。

しかし死霊が悪霊化して祟るという信仰は、とくにヘビにつよく結びつく。夜刀の神は人に死をもたらすだけでなく、死霊の世界に関与するという仮説はすでに述べた。ヘビと死霊の重なりには、この動物の陰性・邪視力・穴居性が貢献しただろう。イザナミ神話はおくとしても『日本書紀』仁徳天皇紀にみられるタジの説話はそのさきがけである。蝦夷を討つべく派遣されたタジは、かえって敗死してしまう。ところが彼の墓からオロチが出現し、蝦夷たちに嚙みつきその毒で彼らを殺戮した。

死後におけるヘビへの変身譚は、道成寺説話のようないくつかの例外をのぞくと、より穏やかな形に変化して後代に受けつがれたようだ。この種の説話においては仏教の輪廻思想が合体し、金銭等への執着の報いでヘビに生まれ変わる話が主流を占めるようになる。『日本霊異記』(八二〇年ごろ)にすでに見え、『日本法華験記』(一〇四〇年ごろ)をへて『今昔物語集』（一一一〇年ごろ）にいたる類話の数はおびただしい。そのばあいにも死後の祟りは見られるが、多くは憑依現象のかたちをとるのがせいぜいである。

どうやら悪霊は、見えみえの動物の形態よりは、見定めがたいゆえに恐怖の心をかきたてる正体不明または半透明の亡霊の形態をえらびはじめたらしい。『今昔物語集』において人に危害をくわえる死霊の出現形態は、赤い衣を着て冠をつけたもの（巻一二）、ヘビ（巻一三）、生前の姿（巻一四）、髪をのこした骸骨（巻二四）、正体まったく不明（巻二七）、赤い単衣（巻二七）等さまざまである。

ヘビ信仰は今なお山陰地方において、荒神・大元神の信仰と癒合して残存している。その一例、大山赤松の荒神祭のようすを、白石昭臣（一九七七）にしたがって一瞥しておこう。その四年に一度のこの荒神祭にさいしては、三〇メートルほどの大ヘビが藁でつくられ、そのなかほどに男根の模型が挿入される。祭りの当日になると藁ヘビをかついだ氏子たちが部落中をねり歩き、さいごには氏神社境内の神木にこの藁ヘビが巻きつけられる。

さて白石によれば、荒神・大元神には祖霊神および農耕神の二面が存在する。中有にとどまったままの死霊を祖霊にまでとむらい上げる媒体の役割を、神木に巻かれた藁ヘビがはたす。それとともに農作の成功が祈られるのである。

かくて現存する山神の祭祀においても、この神の豊饒神・農耕神としての機能と、死にかかわる神としての機能の両方がみられる。ただし後者が、死霊の悪霊化を抑止する働きとなっているのはおもしろい。たとえばタコ薬師がイボ落としの霊験をもつというたぐいの、一種の同質抑制作用を藁ヘビが発揮するのかも知れない。そうでなく、山神の死の管理職掌がここにあらわれたと見なしたほうがよいだろうか。

藁ヘビが関与する荒神・大元神の年季祭の存否は、周辺における焼畑農耕の有無と見事に符合する。しかも年季祭の周期は焼畑農耕の周期に依存して生じたと推定される。すなわち、農耕神としてのヘビ信仰は水田ではなく焼畑を基盤として成立しているのである。以上の白石の報告は、ヘビ神が一次的には山神だとする説の裏づけになりうるだろう。

カエル

カニの項で記したとおり、カニ報恩説話は『日本霊異記』(景戒、八二〇年ごろ)中―八・一二に初出する。その項では一二話を要約したので、ここでは八話を紹介しよう。

奈良の登美尼寺の娘が山に菜をとりに入ったとき、ヘビがカエルを呑もうとしているのに出会う。彼女はヘビに「われ汝が妻とならむがゆえに……このカエルをわれにゆるせ」とたのみ、カエルを救った。娘が家を閉じ身をかためていると七日目にヘビが来て壁を尾でたたいた。翌日娘は行基のもとを訪れ相談すると、行基は三宝に帰依し、戒律をまもるように助言した。その帰りに娘はカニをもった老人に会い、衣裳とひきかえにカニを受けとり、行基のもとに戻り呪文を唱えてもらって放した。つぎの日ヘビがふたたび訪れ、屋根にのぼり穴をあけ入ってきた。そのとき、娘が助けたカニが出現し、ヘビをずたずたに裂いた。カニをもっていた老人は、じつは聖者の化身であった。

一二話にくらべると、娘とカニとの関連のつくりが技巧にはしりすぎて不自然である。一二話ではカニ放生が冒頭にでてくるのに、この八話ではヘビの脅威がいったん現実化したあと娘は泥縄式にカニを救う。そしてこの泥縄は、行基と仏陀菩薩の共謀にもとづく作為によってしつらえられたかのようである。

さらに八・一二両話に共通して、カエルとカニの助命モチーフが重複するのも、すっきりしない。関敬吾（一九五三）・守屋俊彦（一九七一）・駒木敏（一九七九）が指摘するように、この説話には、カニ報恩譚とヘビ聟譚という異質の民話が混合しているのであろう。このうちカニ報恩譚は、もともとカエルの介在なしに成立しえる。すなわちヘビは、カエルを断念する見返りに娘を要求するのではなく、『沙石集』（無住、一二八三年）古本七―一五、『諸国百物語』（一六七七年）四―一二のカニ報恩譚のように、一方的に娘に思いをよせてもよかったのである。

ではヘビ聟譚のほうがカエルの存在を必然にしたのだろうか。この疑問をとく手がかりは、現在おこなわれている「ヘビ聟」およびカエル助命系の昔話を検討することによってえられるであろう。まず「ヘビ聟」には、田に水を引いた代償としてヘビが娘を求める「水乞い型」と、ヘビが特別のきっかけなしに娘のもとに通う「針糸型」があるが、いずれもカエルなしに成り立っている。

つぎにカエル助命のモチーフをふくむ昔話「カエル報恩」「オオトリの卵」「カエル女房」をしらべよう。『日本昔話集成』本格昔話（関、一九五三・五五年）の該当昔話を分析すると、ヘビから救われたカエルが人に報恩する手段は、大きく分類しても七種類にわかれ、揺れがいちじるしい。カニ報恩譚において、一様にカニの鋏が利用されるのと対照的である。

とにかく七種類の報恩法をかんたんに示そう。

第一は姥皮型である。娘がヘビ聟を針や瓢箪などの力で片づけたのち老婆と出会い、姥皮をもらう。娘は姥皮を着て汚い婆の姿となり長者の家に奉公するが、たまたま姥皮をぬいでいたとき、長者の息子にみそめられ、その嫁になる。娘に姥皮をあたえた老婆は、娘の父親がヘビから助けたカエルであった。第二は針瓢型。娘が針や瓢箪でヘビ聟を殺そうと試みているとき、カエルがでてきて彼女に協力する。第三は菖蒲酒型。ヘビ聟の子を宿した娘に、菖蒲酒（など）を飲むとヘビの子がおりるという知識をカエルが教える。第四はトリ卵型。カエルが六部などの姿で娘の家に来て、ヘビ聟に杉（など）の木の上のワシ（など）の卵をとりに行かせる。ヘビ聟はワシ（など）に殺される。第五は逆襲型。カエルがヘビを食い殺す、または呪殺する。第六が秘匿型。カエルが人の姿をとって娘をかくまい、ヘビ聟をだまして追い返す。最後の第七は致富型。助けられたカエルが男の女房となり、男の家を豊かにする。これらの諸型の収録話数は、姥皮型二一・針瓢型三・菖蒲酒型二・トリ卵型一五・逆襲型三・秘匿型一・致富型二となる。

上記諸型のうち針瓢型と菖蒲酒型は、それぞれ「ヘビ聟」昔話の水乞い型および針糸・死産型の変型であり、「ヘビ聟」では針や瓢箪でヘビを殺すとき、または菖蒲酒などでヘビの子を死産するさい、娘はカエルの助けをかりない。どうやら、カエル報恩のモチーフが求められたおり、この動物の行動が無理に外挿されたようである。多数をしめる姥皮型についても、娘はヘビ聟を始末したあと、まっすぐ家に戻ればよいのであって、わざわざむさくるしい老婆に身をやつし、万一の僥倖を待つのは愚かしい、と考えたくなる。柳田国男（一九三五・三六・三七・四二）は、姥皮モチーフがヘビ聟やカエル報恩譚と別個の昔話であった、と示唆している。柳田はさらに、トリ卵型のモチーフは海外由来であると論じており、これもともとはカエル報恩と無関係だったらしい。それに『日本昔話集成』には、ヘビに吞まれようとして人に助けられたカエルが、報恩しないままに終ってしまう型の助命譚が一九話も収められている。

以上カエル助命モチーフをもつ昔話には、報恩モチーフの有無・形態によって三型の存在がみとめられる。

⑴ カエル報恩モチーフを欠く型（一九例）
⑵ カエル報恩モチーフの独立性が弱い型（姥皮・針瓢・菖蒲酒・トリ卵、計四一例）
⑶ カエル報恩モチーフの独立性が比較的明らかである型（逆襲・秘匿・致富、計六例）

このように検討してみると、『日本霊異記』中―八・一二においてカエル助命モチーフをふくみながら、その報恩モチーフを欠いているのが偶然であるとは思われない。そこで中―八・一二話におけるカエルの役割について、つぎの二つの説明が可能であろう。

第一に、がんらい独立したカエル助命・報恩譚は存在しなかったが、仏教の殺生戒の流布が望まれた当時、ヘビ聟譚にカエル助命・報恩モチーフが外挿された。そして中―八・一二話の構成の過程で、報恩モチーフが落された。第二に、おそらく致富型のカエルの助命・報恩譚がすでに成立しており、これとカニ報恩譚・ヘビ聟譚の三者混成により中―八・一二話が構想された。そしてカニ報恩に力点をおくため、カエル報恩モチーフは省かれた。

第一・第二のいずれのばあいも、もともと印象のうすいカエル報恩モチーフを削除するのに、あまり抵抗は感じられなかったであろう。カエルは、人の恩に報いるべくヘビに対抗するには、あまりにも無力であった。八世紀ごろの成立とされる催馬楽歌詞で、この動物は

力なきカエル　力なきカエル
骨なきミミズ　骨なきミミズ

とあざけ笑われている。

小さなカエルはたしかに無力であるが、じつはヒキガエルとなると、あるていどヘビと対抗することができる。逆襲型の報恩譚においては、カエルがヘビを殺す。説話だけではない。ヒキガエルまたはトノサマガエルがヘビを呑みこんでいる状況を、岸上鎌吉（一八八九）、戸木田菊次（一九六二）、岡田弥一郎（一九七四）が報告している。戸木田はまた、ヘ

ビがヒキガエルにかみついたものの、呑みこめないで口から泡を吹きだし大弱りしている場面を目撃したと言う。ヒキガエルは敵に襲われると、耳下腺から毒液を放出する。これがヘビを畏縮させたのであろう。

カエルとヘビの睨みあいが妖気を発し、人をなやますというモチーフをふくむ説話は、古浄瑠璃の『信太妻』(一六七四年)以来、現在の昔話「聴耳」にいたるまで数多い。『信太妻』で、キツネ女房の子、安倍晴明は、母が遺した名宝の力により二羽のカラスの会話を聴いた。かくて彼は、帝の御殿の丑寅の柱の礎の下でヘビとカエルがたたかい、その憤りが上気して帝の病いの原因になっているのを知り、出世のいとぐちをつかんだ。このカエルは、おそらくヒキガエルであろう。

カエルとヘビの敵対の印象は、べつの方向にも展開された。『陬波私注《すわしちゅう》』(一三一三年以前)に「ガマの神、荒神となりて天下を悩ますとき、大明神これを退治していますとき、四海静謐……」とある。さらに『諏訪大明神絵詞』(小坂円忠、一三五六年)には、「正月一日……漁猟の儀を表す。七尺の清滝氷とじて、一機の白布地にしけり。雅楽数輩、斧鉞を以てこれを切り砕けば、ガマ五つ六つ出現す。……神使小弓小矢を以てこれを射取て、各串にさして棟もちて、生贄の始とす」と記されている。

諏訪の神の本体は古くはヘビ神であったから、これらの伝承や神事はヘビがカエルを制する場面を示す。それが何を意味したかについて諸説ある(中山太郎、一九四一・金井典美、

一九七八、一九八二a）が、金井が主張するように、ヘビの好物であるカエルを贄として供えるという要素と、カエルを神とみなす要素が複合していると見るべきだろう。原則としてカエルは水霊の段階にとどまり、水神にまでは上昇できなかったが、ヒキガエルはまれに、ヘビに準じる動物神としてふるまいえたのである。

『日光山縁起』（室町時代後期？）では、日光の男体権現（ヘビ神）が赤城大明神（ムカデ神）と争って勝利する。このように、ある神を奉じる人びとが、その神のライバルと目される神を、自分たちの神に敵対する動物に見たてて排斥するのは、理解しやすい心理であろう。諏訪のヘビ神がヒキガエル神を制したのも、おなじ現象から発したのではないか。またヘビ呪殺型のカエル報恩譚では、諏訪神信仰と逆に、カエルの水霊または神が、ヘビ神をしりぞけたことになる。

ウマ

一七世紀もなかば、天下太平が続き、武士の懦弱ぶりは戦国生きのこりの老人たちにとって、つきない歎きのたねを供給しつつあった。そのころ書かれた『雑兵物語』は、足軽間の会話の形をかりた実戦の心得である。ただし実際の著者としては松平輝綱または信興が擬せられているほどで、それが高級武士の作品であることは間違いない。その下巻、ウマ取りの孫八と彦八の会話を引用しよう。

「ウマはただほんにお侍衆の足で御座り申すと思えば異なこんだ。大切なウマの筋を切りはなしてヤダウマにしなされる」。「喰物がわるくっても筋を切られないが、畜生の身でもさぞよかんべいと思う」。

吉田豊（一九八〇）によれば、当時の武士のあいだで、ウマの歩きぶりを華麗にするため、または扱いにくいウマをおとなしくするために、わざと腱を切る習慣がはやった。ウマ取りたちは、このようなヤダウマは、箱根も越せず大井川も渡れず、すぐくたばってしまう、とこぼしている。

『源平盛衰記』（一三世紀後半）三七、鵯越え坂落しの段、畠山重忠が「この岩石にウマ損じては不便なり。日ごろは汝にかかりき、今日は汝をはぐくまん」、と手綱腹帯よりあわせ、愛馬三日月を十文字に引きからげ、鎧の上にかき負って岩を降りた故事を、上記と比較せよ。

『源平盛衰記』の作者は、武士がウマをいたわるべき根拠を、仏教の因縁にもとめた。観音菩薩がウマの姿をかりて人に仕え、あるいは亡父がウマに転生して子につくすたぐいの説話が、諸経から探しだされた。しかしがんらい重忠の行動は、ウマが武士のステータス・シンボルであったことに起因しているのであろう。

日本において騎馬の風習は、五世紀になってからはじまったと思われる。それは考古学的遺物の調査によっても（森浩一、一九七四）、文献上の根拠においても（鋳方貞亮、一九四五）確かめることができる。古墳出土の埴輪に造形されたウマや石室壁に描かれたウマは、言うまでもなくこの動物が特権階級の地位の象徴であったことを物語っている。この事情は歴史時代にはいっても変らず、『続日本紀』（藤原継縄・菅野真道他、七九七年）八、養老五年（七二一）三月の条を見ると、「王公卿士および豪富の民、多く健馬を畜わえて競い求めること限りなし。ただ家財を損失するのみにあらず、ついに相争いて闘乱をいたす」とある。鋳方は、このような良馬の争奪の風潮は、社会的権勢欲あるいは奢侈欲にもとづくものだ、と指摘している。

奈良時代から平安時代にかけて、上級貴族と武士が分化するにいたると、ウマは特権階級一般ではなく武士の象徴に特殊化しはじめた。上級貴族は牛車を利用して移動したが、武士は騎乗を好んだ。『今昔物語集』（一一一〇年ごろ）二八―二を引こう。

源頼光の四天王は武芸に秀でて並ぶものなく、胆心《きもこころ》太くして敵するものない勇者であった。あるときそのうちの三名が語らい、賀茂の祭を見物しようときめる。「ウマに乗りつづきて紫野へ行かむに、いみじく見苦しかるべし」というわけで、牛車を借りて出かけたのはよかったが、三人ともこの交通機関を利用した経験がないので、なかで車の横板にぶつかり、仲間どうし鉢あわせをし、ついには車に酔って反吐をはき、七転八倒のていたらくであった。高木敏雄（一九一三）いわく、この失敗談には、必ず深い意味が無くてはならぬ。つまり武者と牛車の異和がここに含蓄されている。

源平争覇の時期にはいり、さらに鎌倉時代におよぶと、武士とウマの結合はいっそう顕著になった。『源平盛衰記』の畠山重忠の逸話は、この状況を代表する。幕府が東国におかれただけでなく、これを支える武士団が東日本において優勢であった。一方、ウマの主産地も中部以東にかたよってくる。市川健夫（一九八一）および金井典美（一九八二b）は、中世以降東国でウマが多く飼育された理由として、気候風土の適切などいくつかの要因をあげている。

かくて東国武士とウマが密着する条件はいちじるしかったが、ウマが現実の戦闘でどれだけの実用的価値をもっていたかは疑わしい。新田義貞鎌倉攻め（一三三三年）前後に戦死したウマの遺骨から推定して、当時の戦闘に使われたウマの体高は平均一二九・五センチである（林田重幸、一九七四）。このていどの大きさのウマに武士は重装備で騎乗したのであるから、騎馬による密集突撃は不可能であった（加茂儀一、一九八〇）。とくに戦国時代後期になって鉄砲が多用されると、ウマの軍事的価値は激減したであろう。

そして天下太平がこの傾向を決定的にした。ただし、しかもなおウマは、武士の象徴としての役割を維持しなければならなかったのである。戦闘における実用性の消失と、権威のシンボルとしての価値の残存のあいだの落差が、『雑兵物語』で歎かれた筋切りのような行為となってあらわれた。

塚本学（一九八三）によれば、近世においてはウマを飼育する能力を失った武士にかわって、大百姓層がウマ飼育者の主流を占める。ウマが農民のなかに本格的に入りこんだこのときに、はじめて彼らの伝承にウマが登場した。

ウマが武士の象徴であった時代にも、ウマにかんする伝説がなかったわけではない。とくに良馬の入手を熱願する特権階級の心のなかに、大陸における竜馬の思想がそのまま移し植えられた。『日本書紀』（七二〇年）雄略紀にすでにつぎの有名な説話がみられる。田辺史伯孫が孫の出産を祝うため聟の家を訪れての帰途、誉田陵の下で赤ウマに乗った人に会う。この赤ウマ、体格相貌ことのほかすぐれ、リュウのようにとんだ。伯孫は自分の平凡なウマとこの駿きウマの交換を申しでて容れられ、喜んで自宅の厩につないでおいた。ところが翌朝、厩を見ると、それは埴輪のウマに変じていた。

以後今日にいたるまで、生食《いけずき》・摺墨《するすみ》などの名馬が、水辺にあって水神またはリュウの種を宿した雌ウマから誕生したという伝説が広く分布している。この伝説が、ウシの項で述べた水神への動物供犠の風習に関連することは、柳田国男（一九一四）、石田英一郎（一九六六）が説くとおりである。

高い身分のシンボルであるウマ、そしてリュウの血をうけたウマの思想が、農民の生活にむすびついたとき、山神・農耕神がウマに騎乗して村落に来り、去るという信仰がうまれた。キツネ・シカの項で記したとおり、日本の農民のあいだでは、山神と農耕神は同一神格のべつの相であるとみなされ、季節にしたがって山と里のあいだを去来する、と信じられていた。かりに山中にウマに匹敵する動物が生息していたとすれば、神がみはこれを山のウマとして重宝したであろう。シカ、イノシシおよびカモシカがいくらかウマに代行しえたが、たとえば山のイヌとしてのオオカミやキツネが里のイヌに比肩しえたほどには、それらは里のウマには対抗できなかった。そこで地位が高い人を運ぶウマが、そのまま神がみの乗用にも供せられたのである。神社で神のウマを飼育し、神幸の行列にウマをすえ、あるいは祭礼にさいして走りウマや競べウマを奉納し、絵馬や藁ウマを献ずるなど、これに関連する民俗は、竹内利美の論文（一九七四）にくわしい。

さて近代に入る以前の日本には、ウマに牽引される車は存在しなかった。これは日本の交通・運輸にかんする重要な特異点である。そのおもな原因としてふつうあげられるのは、山地と急流が多い日本の地勢である。しかしウマでなくてウシがひく牛車は、周知のように平安期の貴族に愛用されており、市川によれば当時畿内の主要街道には牛車のための舗装がなされていた。それだけでなく『源氏物語』(紫式部、一一世紀初頭)の薫の君などは、宇治の山道を車で何度も越えたほどである。また近世においては、人力でひく大八車は珍しくなかった。そこで二つの問題が提起される。第一に、日本で牛車が使用されたのに、なぜ馬車は用いられなかったか。

この第一の疑問について言うと、日本人にかぎらずどの民族においても、日常の移動用にまず実用化されたのは、ウマではなくウシでひく車であった。ウシのほうが車のながえの先の頸木につけやすい(市川)。飼育コストが低く、急坂の上下にも適している(高取正男、一九七五)。そのうえ神経質でなく制御が容易である。したがって大陸の諸民族においても、馬車は、戦闘用もしくは特権階級の権威を示すために用いられたにすぎない。

とくに日本に飼いウマが移入されたのは、ウマにひかれた戦車が騎馬兵に敵しがたいことが明らかになった(野沢謙・西田隆雄、一九八一)後の事件であった。朝鮮半島出土の馬車具は実用的なもの(A式)と非実用的で権威の象徴として使われたもの(B式)の二種類あるが、日本の弥生時代遺跡にわずかながら出土するのはすべてB式である(森)。そして以後、馬車に関連した遺物は跡をたつ。それゆえ飼いウマが日本に入った当初から、ウマの使用一般ではなく騎馬という特殊な利用形態が特権階級の象徴として固定してしまったのであろう。

つぎに第二の問題に移る。牛車の利用範囲も京の貴族のあいだに限定されたのはなぜか。明治前の表街道は規制がきびしかったので、ウシ・ウマによる一般の交通・運輸には裏街道が用いられた（市川）。裏街道は険阻な山地をとおり、その整備に公権力の投資も多くはなされなかったので、車の通行は不可能だった。一方、表街道を通る武士が動物を使うとすれば、その伝統から言って騎馬以外の形態はありえなかった。かくて牛車・馬車とも普及しなかったのではないか。

カワウソ

江戸時代中期の医師・山脇東洋は、医学者の立場から日本で最初に人の死体の内臓を観て、その記録『蔵志』(一七五九年)を著わした人物として知られている。東洋は人体解剖の望みをとげるまえ、彼の志を師の後藤艮山にうちあけた。そのとき艮山は、人の死体を「解きて之を観るにしくはなし。しかるに官の制するところ、得て犯すべからず、やむなくんばすなわち獺か。余かつて聞く、その蔵は人ににる」と語ってカワウソの解剖をすすめた。東洋は師の示唆にしたがいカワウソを解剖したが、獣と人では構造がちがうと批判をうけ、人の身体内部を調べたいという彼の熱望はいよいよたかまった。かくて人の観臓にいたる。

ヨーロッパ医学の伝統においても、人の死体解剖が禁止または制限された時期はながく続き、一六世紀にはいってなお死体の供給は決定的に不足であった。そのため解剖学者たちは多くの動物を解剖した。もちろん内部が人の身体に似ている動物を選ばなければならない。そこで彼らはサルに目をつけた。もともとサルはヨーロッパには原産しない。にもかかわらず解剖学者は、地中海以南の地からわざわざサルを取りよせたのである。

ここでさきの東洋のカワウソの話が不思議に思えてくる。日本には、いたるところにニホンザルが生息している。艮山や東洋は、なぜサルではなくカワウソという意外な動物に着目したのか。岩崎常正の『武江産物志』（一八二四年）によれば、現在とちがい近世においては、カワウソは江戸市内の堀に出没していた。しかしサルが直観的にあまりにも人に似ていることを考慮すれば、カワウソの入手が想像以上に容易だったとしても、事情はやはり納得できない。大槻玄沢は東洋よりも半世紀あとに活躍した蘭医であるが、その玄沢の収集品としてカワウソの髪三点が早稲田大学の洋学文庫におさめられている。これは玄沢がカワウソを解剖した証拠かも知れないが、それはべつとして、わざわざ収集品として遺されているところをみると、カワウソの入手はそれほど容易でなかったのではないか。

それではふたたび、なぜサルではなくカワウソでなければならなかったのか。そこで三つの仮説を提出しよう。第一に、東洋らによるカワウソの選択は、カワウソが人に化けるという俗信に関係があるかも知れない。人に化けることができるならば、内部構造ががんらい人に似ていなければならない。しかしこの解釈には二つの大きな難点がある。その一つは、艮山や東洋のような知識人の思想に、はたしてお化け俗信の影響が投影しえたか、という疑問であり、あと一つは、お化け俗信の影響のもとにカワウソが選ばれたのだとしたら、もっとポピュラーな変身動物であるキツネやタヌキがなぜ利用されなかったか、という問題である。

最初の点についてまず検討したい。カワウソにかんしては適切な事例を示すことができないが、近世の知識人はキツネ・タヌキの人への変身を信じていた（中村禎里、一九八四）。本草学者を例にあげると、貝原益軒の『大和本草』（一七〇九年）のキツネの項には「妖獣。よく変じて人となる。淫婦となりて人を惑わす」とある。小野蘭山の『本草綱目啓蒙』（一八〇三年）のタヌキの項には「老たるものは人を妖し害す」と記されている。カワウソの人への変身も、知識人のあいだで信じられていた可能性は大いにある。艮山や東洋がカワウソお化けの俗信を認めていなかったとしても、カワウソの内部が人に似ているとする説自体は、この俗信の名残りであった可能性は否定できない。

つぎの疑問点の考察にすすみたい。東洋以後の解剖学者が使用した動物をしらべると、興味ぶかい事実が知られる。三浦梅園の『造物余譚』（一七八一年）には、その友人・麻田剛立が彼に送った解剖記録（一七七二―七三年）が収録されている。これによると剛立は、哺乳類ではタヌキ・カワウソ・キツネ・ネコ・イヌを使っている。そしてたとえば、「脬は狸獺狐は薄皮……猫狗は厚皮」のように、カワウソをキツネ・タヌキと一括してあつかい、イヌ・ネコと区別する。

さらに後の世代の伏屋素狄あらわす『和蘭医話』（一八〇五年）に目を転じよう。この書物に示されているかぎりでは、解剖に用いた哺乳類はサルとカワウソであった。サルの骨は人の骨に似ている、と述べられているが、カワウソを選んだ理由については一言もふれられていない。なお素狄の実験ノートによれば、上記の動物のほかネコ・ネズミ・ブタ・ウシ・

カエル、それにおそらくイヌが使われている（内山孝一、一九七三）。

東洋から剛立へ、剛立から素狄へと、いずれも関西でそれぞれ数十年の間隔をへだてて動物解剖がおこなわれたが、まずカワウソにはじまり身辺のイヌ・ネコへ、さらにサルへと解剖材料がひろがっていったようすを、ここに見てとることができよう。また人と共生する動物や家畜はべつとして、野生哺乳類については、カワウソとサルのほかはキツネ・タヌキのみが選ばれ、ウサギ・シカ・イノシシ・クマ・カモシカなどは解剖の対象にされていないことがわかる。そしてまさしく変身説話において、前者のグループは人に化け、後者のグループは人に化けない。

さてカワウソの怪はカッパのイメージにつながる。『下学集』（一四四四年）以降、室町時代のいくつかの辞書において、カワウソは「老いて河童となる」とされている。現今のカッパの像が成立したのは近世においてである（日野巖、一九二六・阿部主計、一九六八・石川純一郎、一九七四・金井典美、一九七八）が、室町時代の河童が近世・現代のカッパの前身であることは疑いえない。小原秀雄（一九七〇a）および清水栄盛（一九七五）によると、カワウソの形態・習性はさまざまな点でカッパを彷彿とさせる。カワウソの頭は平たく、カッパ頭上の皿の連想に役だつ。前後肢に水かきが発達している。尾を支えにして立ち、好奇心がつよく遊びまわる。ときには人の独り言のようなブツブツときこえる声をだす。

酒井シヅ（一九七四）は、カワウソの解剖は、カッパのモデルがカワウソであることと関連があるのではないか、と示唆した。そこでこの第二の仮説を追ってみよう。

柳田国男（一九一四）は、カッパとカワウソの混同とともに、カッパとサルとの混同をも指摘している。伝説や昔話にはその例が多く見られる。「カッパの詫証文」でカッパの切り取られた手はサルの手に酷似する。サルはカッパとおなじくウマを引く。近似した形式の「サル聟」「カッパ聟」の昔話が存在する。ところが一方、カッパとサルを仇敵どうしと見なす民話も少なくない。この点について柳田は、サルにはウマをカッパから守る役があると紹介しつつも、善神・悪神は同一主体の二面であるばあいが知られているので、ウマの害敵カッパがウマの保護者サルに起源することもありえる、と主張した。柳田（一九一四、一九三四b）とくに石川は、この問題をさらに具体的に解明している。つまり水神と山神の相互移行の信仰を明らかにしている。たとえば天草では、春には海にいるガワッパが、秋になると山にあがりヤマワロになる。つまり水生動物の形態をもった水神が、山神として現われるときにはサルのような陸生動物の姿態をとる。海と山の両方から生活の糧をえていた人びとにとって、この転換は必要であったにちがいない。さらにこれが、田の神と山の神の去来信仰につながる（キツネ・シカ・ウマの項参照）。

方言を調べると、カッパをエンコー（猿猴）とよぶ地域があり、それは中国・四国地方から紀伊にまでひろがる。他方、カッパをカワソなどとよぶ地域も中国・四国に多い。これらの地方で、カッパを媒介としてカワウソとサルの転換が生じなかっただろうか。

かくて山神↑↓サル↑↓カッパ↑↓カワウソ↑↓水神という相互移行の図式がうかびあがるが、以上の議論のもとになったカッパのカワウソモデルとサルモデル、山神・水神の転換、カッパ・サル・カワウソの名称混同などが、山脇東洋の時代にも流布していたことは、すでに引用した日野などの諸著を一見すればあきらかである。しかもなお、東洋らがサルよりもカワウソを優先した理由は解明されない。小川鼎三（一九七四）は、カワウソの選択が中国に由来するのではないか、と語った。そこでさいごに、この第三の仮説を探ってみたい。

『本草綱目』（李時珍、一五九〇年）の水獺の項に「あるいは獱獺には雌なく、猨をもって雌とする」とあり、猨の項にもほぼ同様の記述が見られる。極論すればカワウソの雌はサルなのである。すなわち中国においても、サルとカワウソは同類とみなされていた。

中国の医学には解剖の基礎が薄弱であるとよく指摘されているが、『黄帝内経』（紀元前二世紀ないし後一世紀）には、解剖の経験なしには不可能な記述が数多く書かれている。山田慶児（一九七九）は、馬王堆前漢墓第三号（紀元前一六八年）から発見された医学論文が『黄帝内経』の論文に発展する過程を検討し、両者を決定的にへだてるのは解剖学的知識の増大である、と強調する。さて古代中国においてもヨーロッパや日本の解剖学発展の初期とおなじく、人の死体供給は不充分だったであろう。そこで中国の解剖学者も動物を代用した。常識でサルが最適と思われたにちがいない。しかし学問の中心地であった華北にはサルは生息しないためサルに似るカワウソが用いられ、その慣習が固定した。これが日本に伝えられ無批判に受容された、というのが事の真相ではないか。ただしこの結論は、さきの第一・第二の仮説と矛盾しない。

カモシカ

日本における華厳宗中興の祖として有名な高弁（明恵）は、一八歳（一一九一年）のときから死の二年前、一二三〇年にいたるまで、四〇年間にわたってみずからの夢を記録しつづけた稀有の人物である。その『夢の記』承久二年（一二二〇）九月二〇日の項にいう。

大きなる空の中に羊の如きものあり。変現きわまりなきなり。或るは光る物の如く、或るは人体の如し。冠を著け、貴人の如く、たちまちに変じて下賤の人となり、下りて地にあり。その処に義林房あり、これを見てこれを厭い悪む。予の方へ向いてまさに物云わむとす。予、心に思わく、これは星宿の変現せるなり。予、これを渇仰す。（以下略）

この夢で大空から落ちてきた「羊の如きもの」の羊はなにを指すのだろうか。それは夢のなかで視覚的なイメージを示したはずであるが、もちろん当時の日本にはヒツジは生息しない。生息しないヒツジを高弁は視覚化することができただろうか。海外から日本の朝廷に羊が献納された記録はある。『日本書紀』（七二〇年）推古七年（五九九）には、百済からラクダ・ロバ・白キジとともに羊二匹が献じられている。以降八二〇年、九三五年および一〇七四年に羊が舶来した。

さてこれらの羊であるが、少なくともその一部は、いわゆるヒツジではなくヤギだったようである。『水左記』（源俊房）一〇七七年の日録は、宋の商人の献上らしい羊の性状についてつぎのように記している。「その毛白く白イヌの如し。各胡髯あり。また二角あり、もっともウシ角の如し。身体シカに似て、その大きさイヌに大す。その声サルの如し。動く尾わずか三、四寸ばかり」。

この例で、羊はヒツジではなくヤギを意味するのだろう。全般に古代・中世の日本において、ヒツジ・ヤギの両者とも羊と書かれヒツジとよばれていたようである。『倭名類聚抄』（源順、九三〇年ごろ）、『類聚名義抄』（一二世紀）のいずれを見ても、羊はヒツジと訓まれ、ヤギの項はない。『日本書紀』皇極紀、および『本草和名』（深根輔仁、九二〇年ごろ）に山羊が登場するが、その訓はカマシシでありカモシカを指す。

ヒツジのみならずヤギもまた、日本においては原産せず、飼育もされなかった。したがって高弁がヤギを直接観察した可能性もきわめて少ない。ところが彼が手にとって見る機会があったと思われる絵画に、ヤギらしい動物が描かれている。

『鳥獣人物戯画』乙巻（一二世紀なかば）にはウマ・ウシ・タカ・イヌ・ワシ・ニワトリ・一角獣三種・ヒョウ・トラ・ライオン・リュウ・ゾウなどのほか、ヤギと認定すべき動物が

図4　ヤギ。『鳥獣人物戯画』乙巻

描写されている。『鳥獣人物戯画』には、よく知られているとおり高山寺の朱印が捺してある。そして高山寺を創建したのは、ほかならぬ高弁であった。ただし高山寺創造の年は一二〇六年であるから、『鳥獣人物戯画』乙巻成立はほぼ半世紀さかのぼる。したがってこの画は、成立当初は他処に蔵せられ、一二〇六年以後のある時期に高山寺に移ったのであろう。上野憲示（一九七七）は、仁和寺の法助をへて高山寺に入ったと推定している。法助の父・九条道家と母方の祖父・西園寺公経は、高弁の有力なパトロンであり、仁和寺も若年の高弁がここで学んで以来、彼との由縁はふかい。また絵画にたいする高弁の関心はなみならず、彼の周辺には多くの絵師があった。これらの諸事情を勘案するならば、九条家・西園寺家または仁和寺において、高弁が『鳥獣人物戯画』乙巻に接しえた蓋然性はかなり大きいと言うべきだろう。そこで高弁一二二〇年九月の夢の羊のイメージには、この有名な絵巻におけるヤギがまぎれこんでいる可能性がある。

　高弁は晩年（一二二五年以後、一二三二年以前）『華厳縁起絵巻』の創作を指導した。『宋高僧伝』（賛寧、九八八年）の義湘・元暁の項を種本にしながら詞書を作成しただけでなく、画の内容についても細部にわたって指示したようである（白洲正子、一九六七）。しかも元暁伝の画の担当者としては、高弁の仏教における弟子・成忍が擬せられている（金沢弘、一九七八）。その元暁伝の画に、大安聖者とよばれる乞食坊主が「大安、大安」と唱えながら新羅の街道を遊行する場面があり、そこには人に引かれるヤギとブタが描かれる。『宋高僧伝』にはヤギ・ブタは現われないから、これらの動物の登場は絵師または高弁の創意に帰せられよう。大陸伝来の手本があった可能性は否定できないが、ブタの姿はイノシシから牙を消した姿に等しい。ヤギの像にも、日本人が慣れ親しんでいる野獣のイメージが重ねられたと思われる。

　そこで『鳥獣人物戯画』乙巻にもどる。上野は、ライオン・ゾウなど日本に生息しない動物の表現は生硬だが、ウマ・ウシ・イヌなどの姿態・表情は活き活きしており、実際の家畜を写したスケッチをもとにして描いたのだろう、と推定している。さらに彼は、日本に産しない動物でも、ヤギの表情は自然であり、シカをモデルに描いたのではないかと、と説く。

　私見によれば、シカのスケッチも使われたかも知れないが、乙巻のヤギは日本産の動物ではカモシカにいっそう似ている。ヤギとカモシカはウシ科に属し、シカはシカ科に属するの

図5　ヤギ。『華厳縁起絵巻』

で当然でもある。乙巻のヤギの角は言うまでもなく枝分かれしていないし、顔の形状、あごの下および胴体にみられるふさふさした毛並み、前・後肢のつけねの張りも、シカよりカモシカに近い。さらに「胡髯」はなく、首すじ一面に長い毛が垂れている点で、やはりカモシカに類似する。首もヤギにしてはやや太めである。『華厳縁起絵巻』のヤギはどうだろうか。そのあごの下にも「胡髯」はなく、首すじ全体から毛が垂れている。ただし『鳥獣人物戯画』乙巻・『華厳縁起絵巻』のいずれにおいても、描かれたヤギの体格はカモシカにくらべると細身であり、角はカモシカにしては長すぎ、カモシカ特有の眼下腺もない。

結論を言うと上記二種類のヤギの絵は、意識的にカモシカを参考にして描いたか、あるいは無意識にカモシカのイメージをまぎれこませてしまったか、いずれかであろう。ちなみに高弁が庵をむすんだ紀州および洛西・洛北の山地に、カモシカが生息していたことは疑いない。

けっきょく高弁が夢にみた「羊の如きもの」には、自身の目撃経験をつうじて直接に、これに加えてあるいは『鳥獣人物戯画』におけるヤギを通じて間接に、カモシカのイメージが反映していると思われる。夢ののちに描かれた『華厳縁起絵巻』のヤギには、『夢の記』の羊が定着しているのかも知れない。さらに思いきって推論すると、『夢の記』の羊はさいしょからカモシカを表わすつもりで記載された可能性も捨てられない。ようするに「羊の如きもの」を単純に家畜と解してはならないのであり、そこには多少とも野獣の要素を認めなければならない。

夢の内容分析は、心理学者にまかせたい。しかし一とおりの解釈をこころみておく。「羊の如きもの」の空中落下は、高弁の信仰を成立させている無意識のなにかの出現を意味しよう。それは獣・人・光とさまざまに形態を転変し、また貴人の姿をあらわしたかと思うと、たちまち下賤の人に変貌する。『夢の記』を通覧し、また白洲や奥田勲の著書（一九七八）を読んで察するに、高弁の信仰の強みは、現世的な情感が宗教的な法悦に昇華するかしないかのきわどいところで、それが確立している点にあった。義林房すなわち、高弁の側近の弟子・喜海の信仰は、師のばあいとちがって、このように微妙で危険な緊張に連絡していなかった。獣は獣、劣情は劣情である。一方高弁においては、獣は人でもあり聖なる光でもありえる。劣情と信仰は、純化された情愛を媒介にして相互に転化しえることを、高弁は無意識に知っていたのではないか。あとひとつ付け加えると、中国・日本では痴愚の僧を羊僧とよぶ。この羊のイメージも、「羊の如きもの」に混入していただろう。

話題を転じる。南方熊楠（一九一五b）のように博覧強記の学者が、カモシカにかんする民間信仰は一向聞かぬ、と述べている。たしかにクマとおなじくカモシカは容易に人里を訪れないので、民話においても話題になりにくい。そのうえクマの霊威を欠くので、民間信仰と結ばれがたい。けれどもカモシカの伝承は絶無ではない。『諏訪上社物忌令』（一二三八年）によれば、クマ・サル・ヤマドリ・イワナとともにカモシカも、諏訪神社の贄にかけてはならない。「御神の化現、山神護りおうの召物にて、高山の盤石において飛行自在の通を得る故」である。カモシカが岩石地帯に適応した形態をもっていることは、多くの人が指摘するところであり、山地を巡する神の乗物としては最適であろう。

カモシカの文献上の初出は前記のとおり『日本書紀』皇極紀であり、古辞書類でもやはり前出の『本草和名』のほか、『倭名類聚抄』においても、当該動物はカマシシとされる。これがカモシカの古い標準語であった。貝原益軒の『日本釈名』（一六九九年）以来、諸家によれば、このカマまたはカモは毛皮の敷物の意。カモシカの毛皮は、古来敷物として珍重された。シシはもちろん肉を意味し、食用に狩猟される野生哺乳類は、イノシシ・カノシシ・カマシシとよばれる。一八世紀の『滝谷村産物』（越後国蒲原郡）には、動物名としてのクマノシシの用例も知られている。しかし食用に供せられても、ウサギをシシとは言わない。

どうやらシシは、キツネ・タヌキていどより大きな哺乳類をさす民俗分類の意味をひそめているらしい。

クモ

斎藤慎一郎と川名興（一九八五）は、クモにかんするイメージは善玉と悪玉にわかれる、と説いている。ところで歴史上の文献を見ると善玉論のほうが古い。大江匡房の談話を藤原実兼が書きとって成立したと言われる『江談抄』（一一一〇年ごろ）三の冒頭、「吉備入唐間事」は、吉備真備が中国において鬼と化した安倍仲麿の助けをかり、中国人が課した無理難題を見事に処理したので、彼らは舌をまいた、という説話である。その難題のうちのひとつで、クモが決定的な役割を演じる。

中国がわは、高名智徳兼備、しかも密法を修する僧・宝志に命じ、字句の順を乱した暗号ふうの文章を作らせる。宝志は、結界をむすんでこの文を作成したので、仲麿の鬼も手の施しようがない。皇帝の前で暗号文の解読を課せられた真備の視界はまっ暗になる。そこで彼は日本の方にむかい、住吉大明神と長谷観音に祈ると眼前が明るくなり、さらに一匹のクモが降りてきて、文の上に糸をひきながら這う。真備はそのあとをたどり、正しく解読することができた。

これほど劇的な事蹟ではないが、クモを待ち人来訪予告の吉兆とみなす俗信が、『江談抄』以前からおこなわれていた。『日本書紀』（七二〇年）允恭紀は、允恭の来訪を予知した衣通郎姫の歌を収める。

わがせこが　来べきよいなり　ささがねの　クモのおこない　こよいしるしも

『古今集』（紀貫之など撰、九〇五年）一五・『源氏物語』（一一世紀初頭）「帚木」にも、クモがあらわれる。後者をあげよう。

ササガニの　ふるまいしるき　夕暮に　ひるますぐせと　言うがあやなき

ササガニはクモを指し、やはり男性が女性を訪れる前ぶれと意識されている。

中世にくだると、『平家物語』（一三世紀なかば）長門本四、鬼界島に流された平康頼が藤原成経に語って言う。「入道（康頼）が家にはクモだにもさがりぬれば、むかしより必ず悦を仕り候が、けさの道に小グモのおちかかり候つるに、権現の御利生にて……」。ここでは熊野権現が両名の赦免を助け、クモを使わしめてそれを予告したのである。

『平家物語』の屋代本および百二十句本の「剣の巻」には、悪玉としてのクモがはじめて出現する。記述が詳しい屋代本により紹介しよう。源頼光が熱病に苦しみ、容態は好転しない。ある夜、燈のかげから七尺ほどの法師がするすると忍びより、頼光を綱で巻こうとする。彼はがばととび起き、名刀膝丸をぬき切りつけた。頼光の四天王がかけつけて見れば、燈の下に血痕あり、その跡をたどると北野の大きな塚穴に続いている。塚穴にひそむ怪物を四天王が縛ろうとしたが、それは四尺の縄ではたらぬほど大きな山グモであった。頼光の熱病の原因はこのクモだったのである。

なお康頼と頼光の二つのクモの挿話は『平家物語』諸本のうちもっとも広く普及している覚一本系にはみられない。それにしてもこの物語の変異のなかに、クモの談話が二つも吸収された事実は、中世にクモ伝承が広く普及していたことを物語るのではないか。『平家物語』以後中世の善玉・悪玉クモ説話を、あと一つずつ紹介しよう。

『神道集』（一三五〇年ごろ）二—六「熊野権現事」では、善法とよばれる女御が王宮を追われ、山中で王子を産んだ直後殺されてしまう（オオカミの項で既述）。一方、これから三〇里ほど離れた苑商山に住む喜見上人の前にクモが現われ、糸で「鬼持谷という処に善財王の王子が十二の虎に養われて御在す。取り奉りて大王へ奉り給え」という文章を記し、王子の所在を教えた。かくて王子は無事善財王のもとに保護された。

悪玉のクモは『太平記』（一四世紀後半）二三にでてくる。湊川で楠正成に腹を切らせた大森盛長のもとに、正成の怨霊がさまざまに姿を変えて現われる。ある夜半、一〇〇人以上もつめていた警固の武士が、同時にあっと声をもらしたかと思うと、たちまち眠りこんでしまった。そのとき大きな山グモが天井から降りてきて、眠りこんだものどもの上を這っていく。盛長が目をさまし、このクモに組みついたが、警固の武士たちはクモの糸でしばられて、しばらく助勢できない。やっと彼らが起きあがり、皆でクモを取りおさえてみると、盛長に押し砕かれた死人の首の半分が残っていた。

以上の諸説話のいずれにおいても、クモの役割の善悪にかかわらず、クモがくり出す糸が基本的なモチーフとなっている。近世にはクモの怪異譚が多くおこなわれた。しかしこれについては、拙著（中村禎里、一九八四）で述べたので、本書ではくりかえさない。

ここで一応話題を転じ、クモを水神とする説についてふれておこう。柳田国男（一九三三a）は、昔話「クモ聟」「食わず女房」および伝説「かしこ淵」におけるクモの活躍を根拠として、かつて水神がクモの姿で人と交通していた時代があったのではないか、と主張している。「クモ聟」は、山に菜（または薪）をとりに入った娘が若者と会い、その子を産む話である。これは「ヘビ聟」の変型とも考えられる。「食わず女房」においては、飯を食わぬと称する女性が吝嗇な男の嫁になるが、男の留守に頭の口から大量の飯をつめこんでいる現場を発見され、男を山にさらっていこうとする。『日本昔話集成』本格昔話（関敬吾、一九五三・五五年）によると、この昔話で女性の正体を山姥・鬼婆・鬼とする例が三六、クモとみなす例が一三、これについでヘビ七例、そのほか山姥でもありクモでもあると説く例が三例あげられている。柳田は引用していないが「牛方山姥」においても傾向は類似し、牛方の荷を襲う妖怪は、山姥・山母二九例、山男・山父四例、鬼婆・鬼一八例、クモ六例となる。次点はタヌキ五例。

「かしこ淵」の伝説は、水中のクモが糸を男にかけて水中に引きこもうとした事件を語る。そしてクモの正体がカッパであるとする事例も知られている。

以上のような民話をもとにして、古くクモが水神であったと論じることができるだろうか。「クモ聟」「食わず女房」「牛方山姥」において、クモの本拠としては山が指示されているのみ。さかのぼって上記中世のクモ説話をみても、クモと水の縁を示唆する例はまったく存在しない。近世においてもまた、そうである（中村）。水生のクモはミズグモだけであるが、日本におけるその生息は確認されていない（八木沼健夫、一九六九）。ただし水辺を好むものは存在する。

では柳田の水神説に一顧の価値も認められないかというと、そこまでは断定できない。柳田は、「かしこ淵」のようにクモが直接水にかかわる場合のほか、「クモ聟」「食わず女房」などでクモがヘビに代替しうることをも念頭においていたのであろう。「かしこ淵」に関連しても、クモより古くヘビ（『今昔物語集』一一一〇年ごろ、二三―二二）、タヌキ（『古今著聞集』一二五四年、一七―六〇三）が人を水中に引きこもうとしていた。

しかしヘビについても、水神としての性格だけを強調してはならず、この動物は古代の日本において一次的には山神だったと思われる。とはいえ山神はもともと陸水を支配下においていた。これにくわえ、海神のワニが陸封されてヘビに縮小するような経過もあった。ようするに中古以降において山神は、水神としての一面を強化し、山の神と田の神を同一神格に帰する農耕信仰のなかにも定着した。だからかりに、クモがかつて山神またはその下僕であったとすれば、ヘビのばあいとおなじく水神に関連する機能を示しえたかも知れない。長尾勇（一九五四）は、ジグモをオコシンサン（荒神？）・サンバイサン（田の神）とよぶ方言を採集している。

山神の顕現である動物が水神をも兼ねえるからといって、すべての動物が両者兼担というわけにはいかない。動物にもそれぞれ適性がある。ヘビの項で指摘したとおり、この動物には水神の資格があったが、クモはどうか。まず山に住む気味の悪い肉食性のムシとして、クモとヘビは共通性を有する。ジグモなどは、穴居の習性においてもヘビに似る。あとひとつ、さきに『源氏物語』から引いた和歌のクモを指すササガニのササは、大野晋ら（一九七四）によれば細小を意味し、したがってササガニは小さなカニである。たしかに歩脚の左右四対は一致し、カニの鋏のかわりにクモには触肢がある。とくにカニグモの仲間は横に歩き、餌をとるときも第一歩脚ではさむ（吉倉真、一九八二）。

もっとも前出の『日本書紀』衣通郎姫の歌で、「ささがねの」はクモの枕詞であり、これとササガニが無関係だとは思えないから、ササガニはササガネの転だろう。しかもそのササガネはカニに関係ないかも知れない。たとえば「笹が根」説もある。しかし『古今集』・『源氏物語』のころにはすでに、ササガニが小さなカニであるがゆえにクモだとする同定意識がさだまっていたであろう。

そうだとするとササガニは、なによりもまず水生の小ガニでなければならない。カニの項で、この動物は水神というよりは水霊であり、人格神にまでは到達しなかった、と推論した。クモはカニとの連想をも介して、水霊のイメージを示しえたと思われる。同時にクモはカニを越えた。それはヘビとも連結しえたからである。かくてクモをササガニと表現するようになったある時期以後、この動物はヘビと置換しえる水神、またはその零落態の象徴として機能することができた。

クモについてあとひとつの注意を喚起しておきたい事項がある。フロイト（『続精神分析入門』、一九三三年）によれば、クモの夢は女性の性器にたいする恐怖を表現する。日本の昔話で山姥に追われる男たちの悪夢との類似は、偶然の暗合だろうか。

人

増賀《ぞうが》の伝は『日本法華験記』（鎮源、一〇四〇年ごろ）下―八二にはじまり、一三世紀初頭までにかぎっていっても『今昔物語集』（一一一〇年ごろ）一二―三三、一九―一八、『続本朝往生伝』（大江匡房、一一一〇年ごろ）一二、『多武峰略記』（静胤、一一九七年）上―一一、『宇治拾遺物語』（一二〇〇年ごろ）一二―七、『古事談』（源顕兼、一二一三年ごろ）三―二八六、『発心集』（鴨長明、一二一五年ごろ）一―五に収められ、しだいに肥大・誇張されていく傾向がみられる。ここでは、これらの諸伝の挿話を私の考えで取捨按配し、私の解釈をもいくらかまじえて、増賀の伝説的な生涯を概説しよう。

増賀は、九一七年に参議橘恒平の子として京都に生まれ、幼くして（おそらく一〇歳）比叡山にのぼり、やがて良源の弟子となった。良源はのちの天台座主、大僧正、延暦寺の経営に卓越した手腕を発揮し、叡山中興の祖とよばれる。このようなわけで、増賀は、その出自においてすでに特権階級に属し、僧侶としての彼には、権門と癒着したエリートへのコースが予定されていた。幼少時の逸話もあるが、いずれも月並みなので省略する。

比叡山にのぼってから長い歳月を経過したが、思うように道心が発しない。そこで増賀は根本中堂に千夜参り発心を祈る。六百夜七百夜をすぎると、なりふりかまわず一心不乱、「つきたまえ、つきたまえ」とつぶやきはじめたので、聞く人たちは「この僧はなにを願って天狗に憑いてもらいたがっているのだろう」と訝しみ、嘲笑した。かくしつつ千夜みちたとき、名利や物欲から永遠にはなれる決心がかたまった。ところが増賀には、叡山天台の位階組織のなかで出身相応の上昇が約束され、良源もそれを期待していたので、下山の決行は容易でない。

あるとき、山内の僧侶に供物が配給される機会があった。僧侶たちは下級の僧を使わしてこれを受けとるのが慣例だったが、増賀は自分で黒く汚れた折櫃をさげ持ち、のこのこやってきた。配給係の僧が「このかたは高貴な学僧なのに、自分で供物を受けとりにくるとはおかしなことだ」と言って、人に持たせて送ろうとすると、増賀は

「いや、どうしても私にください」

とゆずらない。むりやり供物を受けとった増賀は、彼の僧房には直行せず、人夫たちが行きかう道ばたに腰をおろしてしまった。

「おい、おまえたちも食わんか」

と人夫たちを手招きする。彼らが疑わしそうなそぶりでやってくると、増賀は、かたわらの木の枝を折りとって箸にし

「さあ、さあ」

と人夫たちを横にすわらせて、いっしょに食べた。これを見て人びとは「あいつは正常じゃない。気が狂ったのだ」と馬鹿にし、下品を難じた。

増賀は、このたぐいの行為をくりかえしたらしい。あるとき、京都の天皇の前で、仏法について論じる内論議という行事がひらかれた。行事は無事終り、饗宴も果て、その食物の残りが、習慣にしたがって庭に投げ捨てられた。この習慣を知って集ったたくさんの乞食が、奪いあって食うさまもあさましい。突然、内論議に参加した僧のなかから増賀が走りだして庭にとびおり、乞食の群に混り、捨てた食物を拾っては口に入れはじめた。同僚の僧侶たちは「増賀は発狂したか」と騒いだが、彼は平然として

「私は気など狂っていない。気が狂っているのは、そういうあなたたちだ」

と言い、皆が罵るなかを去って、ふたたび比叡山には戻らなかった。増賀、四〇歳代なかばころのことである。その後増賀は、多武峰にこもって思う存分勤め行ない、この地に後半生を託す。しかしどういうわけか、彼の名声はつのる一方で、特権階級の人たちから、さまざまな法会に招かれた。

あるとき、仏の供養を依頼されて出かけたものの、途中で説法の案を考えているうちに、「俺は名声をたかめたいから、こんなことを考えているんだぞ」と気づき、施主のもとに着くや否や、わざと言いがかりをつけて争い、供養もやめて退出してしまった。

冷泉院に護持僧として招請されたこともある。ここでも増賀は、例によって奇行を演じて

逃げだした。もっとも有名なのは、皇太后が出家を思いたち、増賀を招いて髪を切らせようとしたときの事件である。皇太后の使者が多武峰を訪れた。増賀の弟子たちは、師の日頃の言動を知っているので、「とても承知なさるまい。御使者に殴りかかられるのではないか」と心配したが、増賀は意外にも

「まことに貴いことである。皇太后を尼になしたてまつるには、この私が最適任であるぞ」

とうそぶき、早速参上した。上達部や僧侶など多くの人びとが集まり、天皇からも使いがあった。そのなかで増賀は、つかつかと几帳に近より、皇太后の髪を切ったまではよかったが、退去する段になり、大声で叫んだ。

「私を召してこのように髪にはさみを入れさせたのは、どういうわけじゃ。いっこうにわけがわからぬ。あるいは拙僧の例の一物が大きいのを聞いて招んだのか。たしかに若いころには拙僧の一物は人なみはずれて大きかったが、今は練絹のようにくにゃくにゃになってしまったわい。まえはこんな役たたずではなかったのに、残念至極じゃ」

簾の内近くにいた女房たちは肝をつぶし、上達部や僧侶たちも仰天して居たたまれないようす、まして皇太后の心は察するにあまりある。しかし増賀はけろりとして、こんどは皇太后太夫のまえに来た。急に物腰も殊勝げに

「拙僧、老い衰え、病をわずらって下痢ばかりしております。参上できる状態ではありませんでしたが、たってのお招きでしたので無理してまいりました。しかしもう我慢できません

ので」

とぼそぼそ弁解したかと思うと、簀子にしゃがみこみ、ざざっと便を放出した。その音はすこぶる汚く、しかも大きくひびいて皇太后の耳にたっした。このような行為について、伝記の一著者は解釈していわく。「人に疎まれて、ふたたびかようなことを言いかけらじとなるべし」。

　九八一年、良源は大僧正に叙せられる。その謝礼のための麗々しい行列が宮中にむかった。そのときどこからか増賀が姿を現わす。彼はやせ細った醜い雌ウシにまたがり、太刀のかわりに乾サケを腰につけ、良源の牛車のまえの前駆のなかにわり込んだのである。前駆の人びとは驚いて彼を追いはらおうとしたが、増賀は

「我こそ、幼時からの弟子であるぞ。我のほかにだれが今日の前駆にふさわしいのか」

と大声をはりあげ、おもしろおかしく練り廻る。そうこうしているうちに

「名利を追えば苦しいばかり、乞食の我が身は気楽なものよ」

とうたいながら、行列を離れた。牛車のなかの良源の耳には「我こそが前駆にふさわしい」という増賀の声が、「悲しいかな、我が師は悪道に入ろうとしている」ときこえたので、良源は「これも衆生の利益のためです」と答えた。

　一〇〇三年、死期近いことを知った増賀は、弟子たちを枕もとに集め

「わしは今日死ぬだろうよ。碁盤を持ってきておくれ」

とたのみ、独碁を少しうった。つぎにウマにつける障泥を乞い、これをかついでよたよたしながら胡蝶という舞のまねをした。弟子たちは、「念仏も中止して、狂われたのだろうか」と悲しみ、おそるおそる「どうしてこのようなことをなさるのですか」と問うと
「わしが小僧だったころ、人が碁をうっているのを見て、うらやましいと思ったのをおもいだしたからだよ。やはり小僧だったとき、隣の房で障泥を首にかけて胡蝶を舞う人を見て、自分もやってみたいな、と思ったこともおもいだしたのだよ。しかしもう思いのこすことはない」

と説明し、人を皆しりぞけて独り入滅した。八七歳の往生であった。

増賀は実在の人物であるが、平林盛得（一九六三）が実証しているとおり、その逸話のほとんどは虚構である。それは当然であり、伝説上の増賀の奇行が現実になされたとすれば、当時の僧侶の社会で承認されたはずがない。にもかかわらず、というよりはだからこそ、増賀伝説は広く流布され、受容されていったのである。その背景には、権力と結託し栄耀をきわめようとする良源のような仏徒たちの堕落を嘆く中古・中世の人びとの心だてがあったのだろう。

このような腐敗と訣別し、多武峰に隠棲するために増賀は狂気をよそおった、というのがふつうおこなわれている見解である。それが増賀伝説における彼のイメージの半面であることは認める。皇太后の件における増賀の行為は、あきらかに佯狂である。しかし内論議の挿

話で、同輩から狂気を嘲われた増賀が「我ものに狂わず、かく言わるる大衆こそものに狂わるめれ」と言い放ったのを、どう解釈すればよいか。正気ならば、仏陀の弟子はむしろ乞食であり、人夫であるべきであり、彼らとおなじ低さにあって食をともにすべきであろう。そして真に狂気の僧侶が、おのれの狂気ならざることを信じるために、自らを説得する常套の論理が、増賀に前駆された良源の答えではないか。

増賀の願いは遁世と往生であった。彼の奇行はその方便でもあったろう。けれども中古・中世の人びとは、伝説上の増賀の行動におそらくそれ以上のものを感じとっていた。自己中心の遁世と往生をこえる、もっと重要ななにものかへの志を。私がこの項で語ったのは、増賀の史実ではなく伝説である。そして仏徒の過去についてではなく、人の世界の今日についてである。

要約・結論および補論

はじめに

本書においては、各種動物のイメージについて、それぞれ四〇〇〇字の制限内で私見を展開した。この制約のため、論旨を充分には展開できなかった部分があり、省いたテーマも残った。また個別の議論の寄せ集めである結果として、動物イメージにかんする一貫した総合的叙述をなしえなかった。そこで本項では、これらの欠陥を補いつつ、私見をしめくくりたい。

日本人の民俗における動物の認識範疇を、いくつかの軸を基準にして整理することができる。その第一は、山の動物と海の動物、またはその変型としての陸の動物と水の動物、という二項分類である。第二に、人に馴致された家畜と野生の動物の二項分類を考えることができる。第三に、大きさにもとづく分類がなりたつが、これには人による利用価値が微妙にからむ。第四は、人との類似のていどを念頭においた区分けである。ただしこの第四の基準にかんしては、範疇化はなされない。

このような民俗分類は、さまざまな要因によって規定されている。動物自体の形態・習性はもちろん無視できない。それに加えて、あるいはそれ以上に、各動物と人との関係のありかた、とくに経済・宗教両面の生活における各動物の地位が重要である。かくてうまれたそれぞれの動物イメージは、人びとの思考・感情のなかで相互に関連づけられ、イメージ間に干渉が生じる。そして各動物と人との関係、動物イメージ間の相互関連は、歴史的に形成され変遷してきた。歴史的な側面については前著（中村禎里、一九八四。以降、前著とは同書をさす）の叙述の重点だったので、本書の各論ではかならずしも強調しなかったが、それを無視しては日本人の動物イメージの理解は不可能であろう。

陸の動物と水の動物

まず山（陸）の動物と海（水）の動物の二項分類をとりあげよう。

『古事記』（七一二年）・『日本書紀』（七二〇年）が編集された時代には、山神のヘビ、海神のワニという対立図式が存在したようである。ところが律令国家の中央権力がしだいに諸地方を統合していくにつれて、日本人の意識は海彼の世界から遮断され、閉鎖された内陸の世界へと集中するようになった。この動きは、日本人の自然観に多面的な影響をおよぼしたので、前著で私は、とくに陸封という概念を提出した。ここで海神はスケールを縮小し、陸水の神へと変貌する。一方、山神はもともと陸水をも支配下においていたので、海神の主部が山神に包摂されるにいたり、海神のワニはヘビへと姿態を転換した。山神のほうはというと、水神としての性格を強化し、稲作における水利の制御に力をふるいはじめる（ヘビの項）。

こうして二つの型の水地が、海の代替物とみなされるようになった。その一つは、陸のなかの小さな海とよぶべき湖沼である。本書では、陸封された湖沼から出現する動物神の説話を紹介する機会がなかったが、カエルの項であげた「ヘビ聟」の本拠は、湖・池・沼・淵であった。

海の代役を演じるようになった水地の第二は、川上である。川上は、いくつかの点で海神の末裔の住む場所としてふさわしい。それはたんに内陸の水地であるだけでなく、里に流れつく人や物が発する源である。『日本書紀』雄略紀以来のウラシマノコ説話で、海神の娘であるカメが海彼の国から日本の海岸に流れついたように、昔話「カモ取爺」においてはイヌが川上から里に流れつき、これを拾いあげた爺に富をもたらす。また川上は高所に存在する。日本人の心のなかで海の彼方の妣《はは》の国の記憶がうすれてくるとともに、海は天にも変換した。松村武雄（一九五四、一九五八）をはじめ多くの人が指摘するように、この変換に北方系民族の他界観が影響したのかも知れない。天に接するという立地条件からみても、川上は、天と陸水の両方に位置を変えた海の代替として、最適地の一つであったろう。そしてさらに、川上は里から仰ぎみる山中にある。ここは山神が支配してきた地域である。したがって川上は、山神が海神の統合をすすめる舞台として有利な条件をそなえていた。水神が出没

	サル	イノシシ	シカ	タヌキ	ネコ	オオカミ	ネズミ	ウサギ	キツネ	クモ	ヘビ	カエル	カイ	サカナ	カメ	カニ
サル聟	◎	○	△	△							△					
サル地蔵	◎			○												
サル神退治	○			◎	△		△			△						
かちかち山	○	△	△	◎		△										
ネコの釜蓋	△			○	◎											
鍛冶屋の婆				△	○	◎										
ネズミの浄土	△						◎	○	△							
叺キツネ	△			○					◎							
尻のぞき				○					◎							
似せ本尊				○					◎							
八化け頭巾				○					◎							
文福茶釜				◎					○							
聴耳							△		◎		○			△	○	△
ヘビ聟	△										◎	△	○	○	△	
タニシ息子											△	○	◎			
ハマグリ女房											△		○	◎		
食わず女房				△						◎	○	△				

表　日本の本格昔話における動物の互換性

(1)　『日本昔話集成』本格昔話のうち、つぎの条件をみたす昔話を表に採用した。(a)当該類型の昔話における主役が、複数種類の動物によってたがいに代替しえる。(b)当該類型の昔話において、主役としてもっとも多く登場する動物の例数が10話以上、第2位の動物の例数が2話以上存在する。

(2)　動物昔話は、人との関連で動物が行動するわけではないので、原則として採用しなかった。ただし本格昔話の要素をふくむ「かちかち山」を表に加えた。「かちかち山」も(a)(b)の条件をみたす。

(3)　トリ・サカナ・カイ等の各類は、それぞれ一種類の動物として計算した。この方式を用いると、現実には、トリを主役として(a)(b)の条件をみたす昔話は一つもない。

(4)　それぞれの類型の昔話のもっとも多くの話例において主役を演じる動物は◎で示されている。同様に2番目に多い話例で主役を演じる動物は○により、3番目以下の数の話例で主役を演じる動物は△で示されている。

する池や沼は、山中に水を湛えていることが多い。なお「カモ取爺」で、水の動物に似つかわしくないイヌが流れ落ちてくる（イヌの項）のも、川上が山中に発する点を考慮すれば不思議ではない。イヌはヤマイヌの観念を媒介にして、神使たりえるオオカミやキツネとしばしば混交する。

いずれにせよ、海たい山の図式の変型としての陸たい水の対立図式が、中世以後の人びとの心のなかでは有力であった。昔話においてもそうである。そこで関敬吾の『日本昔話集成』本格昔話（一九五三・五五年）のなかから、一定の基準（表の説明を参照）にもとづいていくつかの昔話をえらび、それらの昔話で主役を演じる動物のあいだの関係を表に示した。

たとえば「ヘビ聟」において、娘の聟役の動物がヘビである話例が一〇三、これにつづいてカイ（タニシ）・サカナ各三、カメ・カエル・サル各一である。つまり「ヘビ聟」型の昔話においても、ヘビ以外の動物がときにはヘビの代役を演じる。このばあいヘビ・カエル・カイ・サカナ・カメ・サルは互換的である、と言うことができる。おなじようにして「サル聟」において聟の役を演じる動物の話例は、サル八九、イノシシ三、タヌキ・シカ・ヘビ各一であり、これらの動物は互換性を示す。

さて互換性を念頭において表を見ると、本格昔話に登場する動物の多くは、二つの大きなグループのいずれかに属することがわかる。その第一は、サル・イノシシ・シカ・タヌキ・

ネコ・オオカミ・ネズミおよびウサギからなり、第二のグループは、ヘビ・カエル・カイ・サカナ・カメおよびカニにより構成される。両者は、さきに示した陸たい水の対立図式における二つの項に相応し、それぞれ陸の動物、水の動物とよんでよいだろう。これらが山（陸）神と海（水）神の後身であることは言うまでもない。

表のなかでキツネとクモの地位は微妙である。「聴耳」においてキツネは水の動物たちと置換されうるが、「尻のぞき」などでは、ほとんどタヌキだけと位置を交代できる。キツネはがんらい山（陸）の動物であったが、中世以降水田の神の属性をもつにいたった（キツネの項）ので、ヘビなど水の神と機能がいちぶ重なったのであろう。クモもまた、もとは山（陸）の動物であるが、おそらくヘビおよびカニとの印象の類似を媒介にして、水の動物でもありえた（クモの項）。昔話においては、キツネ・クモにくらべるとヘビの山神としての素性はほとんど忘れられ、主として水の動物として振舞うようになった。そのことを表は明らかにしている。ただし「サル聟」の代役をわずか一例だが、かろうじてこなしている点で、山（陸）の動物としての面影をとどめる。

さて、互換性をもつ動物どうしが、相互に完全に同化していると考えてはならない。たとえば「ヘビ聟」水乞い型と「サル聟」は、農作業の報酬に娘を要求する点ではおなじ型に属し、その大きさの枠で考えるとヘビとサルの互換性はいちじるしい。しかしおおむねヘビは水田にあらわれ、サルは山畠に出没する（タヌキの項）。さらに水乞い型「ヘビ聟」の枠内においても、タニシがヘビに代るときには、動物聟に悲劇的結末は予定されない。タニシからは美々しい若者が姿をあらわし、娘とともに幸福な生活にはいる。タニシは、小童神子譚と結合しやすいのである。これにたいして、ヘビが代役を探しえなかったばあいは、この動物は針の毒で生命を失う。「サル聟」にかんしても、話の筋は動物種に応じて変異する。もともとのサル聟は、娘に謀られ、さいごには水に落ちて流される。ところがサルの代役をイノシシがつとめるさいには、背に乗せた藁に火をつけられ、焼殺されてしまう。サルはいさか水にゆかりをもつ（カワウソの項）が、イノシシにはそれがない。そのかわりイノシシは、山住みのウシ・ウマ的動物として、人や駄を負う（イノシシの項）。

以上、昔話における動物の互換性は注目すべき現象ではあるが、他面、絶対的な関係ではないことを示した。動物の個々の種類は、人の思考方法・自然観の骨組みを表現するためのたんなる目印ではない。またそれぞれの動物のイメージは、この骨組みの形式によって一次的に定まるのでもない。各種類の動物イメージの個性は、その形態・習性を基礎におきながら、人の生活とのかかわりあいのなかで歴史的に形成されたのである。その結果としての類似性が、昔話における互換可能な関係をつくりあげた。ただし二次的には、異種の動物のイメージが、生活から一応独立した観念のレベルにおいて干渉しあい、影響しあう可能性は否定できない。そのばあいでも、観念上の相互作用自体に歴史的な経過があったことを見すごしてはならない。

水生ではないヘビが、水の動物たちと互換性をもつにいたった背景として、日本人の生活様式の変化があったことはすでに述べた。しかしこの例においても、中国の竜の観念が影響したことも事実である。家畜であるにもかかわらず、ネコが山の動物と互換可能になった事情については、実質的にはすでにタヌキ・ネコの項で説明ずみである。このばあいには、観念上の相互作用がかなりの役割をはたした。家のネコにたいし山の狸（ネコ的野生哺乳類）を配置する中国人の図式が日本にもちこまれ、日本におけるヤマネコの不在を埋めるためのタヌキが採用された。その結果、逆にネコにタヌキの性質が投影されたのである。そしてこのネコ―タヌキの観念相関は、歴史的な事件であった。

山神・海神への供犠

山（陸）の動物と海（水）の動物の関係は、二重に機能している。それらは山の動物神、海の動物神の血をひいているだけでなく、山神・海神に供犠される動物でもあった。

山神と海神は、ある種の緊張関係のなかで、ときには対立し、ときには協力をたがいに求めた。『古事記』・『日本書紀』の神代記・紀におけるヒコホホデミ（山幸彦）とホノスソリ（海幸彦）の猟撈具交換譚にそれはすでにみられる。この神話における二点に注意を喚起したい。一つは、猟撈具の交換の目的はいうまでもなく産物（サチ）の交換であり、それを積極的に望んだのはヒコホホデミ、つまり山のがわだったという事実である。あと一つは、ヒコホホデミがホノスソリを征服する結末である。山のがわが海のがわを制圧したのであった。後者についてさきに一こと述べておくと、この結末は、日本人の生活が陸封されようとしていた歴史的事実に対応する。第一の事実については、詳しい説明が必要であろう。

思うに、サカナと塩にたいする山民・農民の要求は、獣肉にたいする漁民の需要よりも強烈であった。動物性蛋白質の必要度からみて、漁民へのサカナの供給は充分であったが、山民・農民にたいする野生哺乳類・鳥類・淡水魚類の供給は不定期であり、量的にも不足していた。日本人は、一部の哺乳類を家畜として特定しなかった特異な民族である。そのため獣肉の供給を恒常化することができなかった。動物性蛋白質だけが不足していたのではない。それ以上に求められていたのは塩だったであろう。海のサカナにたいする需要は、その防腐のために使用された塩への渇望と不可分であった。渋沢敬三（一九四三）は、日本歴史の各時代にわたって、農山村に送りとどけられるサカナ類がほとんど塩蔵にかぎられていた、と説いている。無塩のサカナの味が好まれたのも事実であるが、結果としては塩干サカナの塩なしには、山民・農民の体調保持は容易でなかっただろう。

このような事情で、山民・農民のサカナ・塩にたいする大きな需要は、山神の要求と行動にも反映している。「牛方山姥」における山姥のサカナ・塩強奪は、その歪められた昔話化であった。そして山神がオコゼを好むという伝承も、サカナの供納の習慣を基盤にして形成された（サカナの項）。

農村からさえも隔絶した山中に、かりに山人と称せられる人びとが住んでいたとしたならば、彼らはサカナと塩のみならず、農民の常食たる穀類にもつよい関心を示したにちがいない。柳田国男（一九一〇b、一九二五）は、山人がモチやコメの飯をむやみに欲しがるという伝聞を記録している。これに関連して山神も、里の産物に無関心ではいられない。赤本『兎大手柄』のタヌキや昔話「ネズミの浄土」のネズミを喜ばせたモチや握り飯は、山神への供饌のなごりかも知れない（タヌキの項）。

山神は、さらにシカ・イノシシのような山の動物をすら望む（シカの項）。これは山神の支配下の産物を捕獲した人にたいする現物税の徴収、またはおとしまえ請求のようなものであろうか。あるいはそのいちぶは、山神に吸収された海神の要求の痕跡でないとも言えない。

明白な海神が山（陸）の産物を求めるという伝承も、南西諸島において今なお残存している（ウシの項）。しかし日本の中央部においては、海神の衰退の顕著に比例して、山の産物を献じる習慣も痕跡化してしまった。山神に吸収されたかつての海神が、かろうじて陸水の統治者に封じられたのちには、川や沼に住むウシ・ウマの伝説やカッパ駒引きの民話において、旧時の習俗をわずかに推測しえるのみ（ウシ・ウマの項）。

山神と海神の対立、あるいは獲物をめぐる綱引きのような現象は、さきに述べたヒコホホデミとホノスソリの神話に初出するが、現在の昔話においても「動物モチ競争」におけるサル・ウサギたいカエル・カニの争いは、この局面を示す（ウサギの項）。サルの駒引き（サルの項）とカッパの駒引き（カワウソの項）の関係についても、おなじ解釈がなりたつ。すでにいくらかふれたが、山神たい海神の対立図式は、陸神たい水神の図式を介して、山の神と田の神の二項図式をうみだす。ここまで二項図式が変型すると、両者の対立の契機はよわまり、むしろ協調ないし同一化の傾向があらわになる。山の神と田の神が同一神格の表現だとする信仰（キツネ・シカ・ウマ・カワウソ・クモの項）は、その典型であるし、シカやウシを水田に供する儀礼もまた、これに関係があるだろう（シカ・ウシの項）。

家畜と野生動物

つぎに家畜と野生動物の二項分類について論じる。さきの表を見ていただきたい。ネコをのぞいて家畜は、この表のなかに占める場所をもたない。この表にとりあげた昔話は、人と野生動物の交りにのみ関心を示している。家畜がここで登場しないのはなぜか。

本格昔話のほとんどすべてが、動物が人に変身するモチーフをともなう。表の昔話で変身モチーフを欠くのは、「サル地蔵」と「サル神退治」だけである。それでは本格昔話において、動物の変身が基本モチーフになったのはなぜか。昔話の話型を源にむかってさかのぼると、動物神と人との神婚説話に到達する。そのさい動物神は人の姿をとって現われる。この通婚のための変身が、のち、報恩・加害・悪戯・利便その他の意図による変身を分出していった（中村、前著）。したがって昔話において家畜が活躍しえない理由は、歴史的には、人に馴化された家畜は信仰の対象になりがたかったことにある。そして近世・現代における昔話の話者・聴者のレベルで言うと、家畜、とくに使役用の家畜にたいする蔑視がその一因になっているのであろう（中村、前著）。ではネコの例外はどこから来たか。ひとつにはネコは、家畜のなかで人に制御・使役されない唯一の存在だからである。あとひとつ歴史的に、この家畜とタヌキとの混同が広く流布したことが、ネコに野生哺乳類の血を移注するのに役だった（タヌキ・ネコの項）。

これに関係するが、特定の二種の家畜のあいだに、対偶関係とでもよぶべき相関がみられることがある。たとえばネコの行動は掣肘しがたく、イヌは人に忠実である。ところが他面、両者ともおなじように人の寵愛にこたえ、命をかけて恩人をまもる例も知られている（イヌ・ネコの項）。ウシとウマの関係も対偶的である。ともに労役・運輸用の家畜でありながら、格式において明瞭な差異を示す（ウマの項）。人の項でふれたように、良源の大僧正叙任を祝う儀式にさいし、増賀はやせた雌ウシに乗って馳せ参じ、先導騎乗のパロディーを演じた。このばあいウシは珍妙劣等のウマでしかありえなかった。ただし増賀によるウシの選択は、もっと微妙な意味を含蓄しているのかも知れない。というのは、上記のようなウマ・ウシの位置づけは武士階級の価値観念にもとづくものであり、増賀は武士ではなかった。高木敏雄（一九一三）は、英雄伝説の勇士はウマにまたがり、ウシは仏に縁があると説く。増賀前駆の説話の初出は『続本朝往生伝』(大江匡房、一一一〇年ごろ)であるが、『今昔物語集』(一一二〇年ごろ)および『宇治拾遺物語』(一二〇〇年ごろ)の増賀説話は乾サケ太刀・やせ雌ウシの挿話を欠き、そのかわりこのモチーフが増賀に関係ない説話(前者の二八―三五、後者の一二―八)にあらわれる。がんらい独立していたこのモチーフが増賀奇行譚のなかに完全に定着したのは、一三世紀初頭の『発心集』(鴨長明、一二一五年ごろ)あたりからであり、『私聚百因縁集』(愚勧住信、一二五七年)八―三、『元亨釈書』(虎関師錬、一三二二年)一〇―一八、『三国伝記』(玄棟、一五世紀前半)がこれに続く。してみると、この段階での増賀ウシ乗り前駆譚には、僧侶はウマではなくウシをこそ用うるべきだ、とする主張のほか、武士の天下にたいする皮肉がこめられていたのかも知れない。

大きさにもとづく分類

大きさにもとづく分類は、家畜のイメージと不可分である。人びとは、イヌ・ネコ・ウマ・ウシとともに生活してきた。そこで人びとが野生動物の不思議な行動の説明を必要としたとき、とりあえず採用されたのは家畜の行動との類比であった。したがって家畜の種類差が、野生動物の民俗分類に投影される。たとえばつぎの系列が成立する。

イヌ的動物――オオカミ・キツネ

ネコ的動物――タヌキ・テン・ハクビシン

ウシ・ウマ的動物――イノシシ・シカ・カモシカ

これに加え、家畜ではないが人の意に反して人との共生をつづけ、人びとになじまれているネズミもまた野生動物に投影されうる。

ネズミ的動物――ネズミ・モグラ・リス

の系列がこうして想定される。以上の諸系列が、大きさにもとづく類別にほぼ対応することは言うまでもない。

ウシ・ウマ的野生哺乳類をシシ類とよぶことができるだろう。カモシカの項で述べたように、その語源はべつとして、これから相対的に離れてシシという表現は大型哺乳類を含意しており、イノシシ・シカ（カノシシ）・カモシカ（カマシシ）のほか、クマもこの範疇に入れることが可能である。家畜のウシにたいしても田《タ》ノシシの表現が知られている（松山義雄、一九七七a）。

イヌ系列とネコ系列では、前者のほうがやや大きい。しかし主として性状・行動により両者の区分が成立する。一般にすらりとした型はイヌ系統であり、野生動物としてはヤカン類とよぶことにする。ヤカンの意味はすぐあとに述べる。ヤカン類の固有のメンバーはキツネとオオカミであるが、イヌの属性のべつべつの面が分離して両者に投影されており、キツネとオオカミの直接近親の印象はややうすい。キツネにはイヌの怜悧、オオカミにはその攻撃性が分与されたのである。しかし幼獣の出産にかんする俗信について、両者通じあうことはキツネ・オオカミの項で述べた。

さてこの類名として採用したヤカンであるが、その漢字表記は野干・射干など。南方熊楠（一九一〇、一九一四）によれば、これはジャッカルの漢音訳である。そして野干・射干は、実物を知らぬ中国人・日本人によってオオカミ・キツネなどと解された。『本草和名』（深根輔仁、九二〇年ごろ）は野犴の和名をオオカミとし、『下学集』（一四四四年）は野干にコキツネの訓をあたえた。そして当初、狸がタヌキ・ネコ・アナグマなどのいずれとも特定されなかったように、野干もオオカミとキツネのどちらを指すか決定されなかった。ただしその後の運命において両者はわかれ、狸はタヌキの漢字表記として定着したが、野干は空中霧散して日本語から消えた。以上の由縁により私は、オオカミとキツネの両方を包括する民俗的範疇として、かりにヤカンの名を採用する。

ネコ系統の構成はもっと複雑である。この類に属するためには、オオカミ・キツネにくらべると丸顔で、雑食性に傾いていることが望ましい。しかしこの特徴がいくらか弱くても、木登りが上手であるか、体つきがずんぐりしているか、両者のうち一方の性質を備えていれば所属有資格者となる。かくてタヌキを中央にすえて、木登り上手のがわにテン・イタチ・ハクビシンを置き、ずんぐりがわにアナグマ・子イノシシを配置すれば、ネコ系統の構成がはっきりするだろう。このグループを、野生動物としてはタヌキ類と名づけよう（イノシシ・ネコ・イタチの項）。丸顔だけでなく木登り上手とずんぐりの体形も、オオカミ・キツネと反対の特徴である。全般にタヌキ類とヤカン類は、中型野生哺乳類を二分して対立する範疇だとみてよい。

なお昔話にテン・イタチ・アナグマが登場しないのは、これらの動物がキツネまたはタヌキに吸収されてしまったからであろう。さらにかつてのある時期にくらべると、キツネとオオカミの分離、すなわちヤカン類の解消の傾向が顕著である。タヌキとネコの分離についても同様の事情がみられる。昔話においてキツネとオオカミの活動範囲が重複せず、タヌキとネコはかなりの互換性を示すものの、タヌキとサル、タヌキとキツネほどにはそれがいちじるしくない。現在流布されているとおりの昔話がいつごろ成立したか容易に判断できないが、私は一応近世中期ごろであると仮想している。

ネズミ類は小型を通性としながら、さまざまな動物をふくむ。そのうちネズミ・モグラは穴居する陰性の動物だという点で、一方ではヘビに他方ではキツネに似る。もちろん大きさと体形はこれらと異なる。イタチ・オコジョ・イイズナは、機敏な行動、酷薄な肉食性、およびすらりとした体型においてヤカン類に通じ、木登りの特性でタヌキ類に近い。ただし大

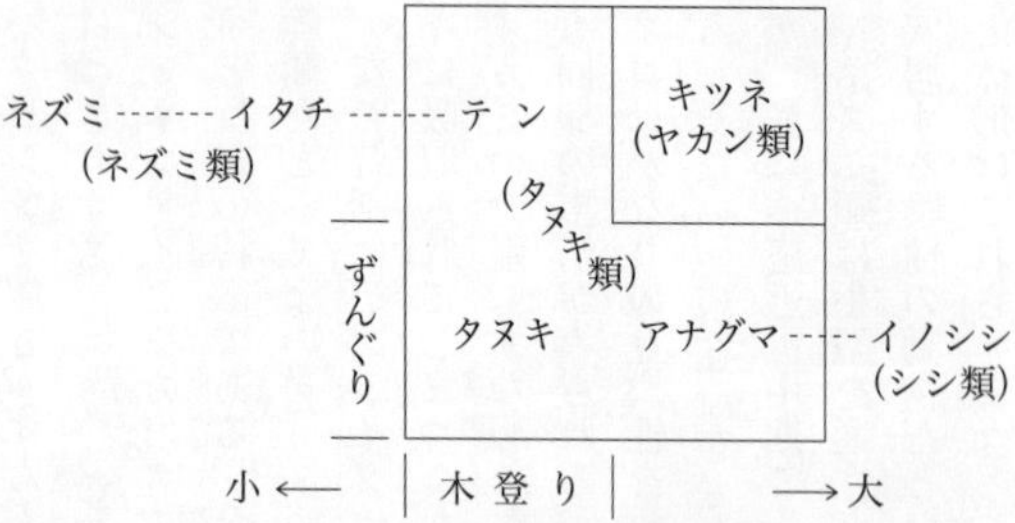

図6　タヌキ類の位置づけ

この図においてイタチ等（オコジョ・イイズナをふくむ）の位置は、体の大きさを基準にして示されているので、テンの左方にある。しかし体型に焦点をあてると、イタチ等はテンとキツネの接合部の上方に位置することになる。

きさの差は言うまでもない。モグラとイタチではかなり印象がことなるが、ネズミをなかにはさんで混同があったことは、中世の二所権現縁起の説話に示されている。『神道集』（一三五〇年ごろ）二―七「二所権現事」では死んだ実母が小動物に身を変え、継母のたくらみで穴につき落された娘の命を救う。さて『神道集』河野本でこの動物はネズミになっているが、東洋文庫本では鼬と記されてムクロモテと読ませている。『下学集』で鼬はイタチ、『節用集』（室町時代）において、土龍がウグロモチ。したがって『神道集』の成立の過程で、ネズミ・イタチ・モグラの三者は互換性を示した。

ムササビとモモンガは、樹上生活の印象からいくらかタヌキに接する。リスもたしかに木に登るが、タヌキとことなり完全に植物食性であって、怪異現象に縁がない。以上あげたネズミ類の諸動物のうち、イタチ・オコジョ・イイズナの位置はとくに注目に値する。それらは、ヤカン・タヌキ・ネズミ三類の接点に存在する。

ネズミ類よりもさらに小型の動物群はムシ類であり、動物学的には哺乳類・鳥類をのぞく陸生の動物すべてにほぼ対応する。ネズミとムシの呼称は、ばあいによっては区別されなかった（ネズミの項）のであり、ネズミ類のうち小型のものは広くはムシにも属した。なおムシ類の範疇には、家畜または人との共生動物の投影はない。

この系統に属する動物のイメージは分散しているが、あえて言うとムシの王者であるヘビのイメージに引きよせられる傾向がみられる（ムシの項）。ただしその投影は二つの方向にわかれた。第一は、ヘビとの互換性の付与である。トカゲはヘビとおなじく水を吐き（トカゲの項）、クモの姿にもヘビの影が歴然と映っている（クモの項）。第二は、ヘビと同位の宿敵としての出現である。『今昔物語集』（一一一〇年ごろ）・『太平記』（一四世紀後半）・『俵藤太物語』（室町時代）および『日光山縁起』（室町時代後期？）において、ムカデは不相応に巨大化し、ヘビの不倶戴天の敵としてあらわれた。ヒキガエル・トノサマガエルもヘビに匹敵しようと試み（カエルの項）、カニはヘビと戦ってこれを制裁する（カニの項）。

ムシにはもちろん、チョウやホタル、マツムシやスズムシのように「いみじうをかしき」昆虫たちも所属しているが、ムシは概して気味のわるい小動物を連想させる言葉だったようである。『堤中納言物語』（平安時代末期？）の有名な「虫愛ずる姫君」において、かのヒロインは、チョウ愛ずる姫君の対照者として語られる。ケムシと区別されるかぎりでは、チョウは典型的なムシではなかった。

その他トリ類も明確に一つの範疇をつくっており、それはなによりも霊魂のシンボルとして機能する（トリの項）が、この類については詳述しない。

以上のいずれにも属さない動物が存在する。陸生動物においてその著しい例は、サルとウサギであろう。サルは人に似すぎているので独自の範疇を形成した。しかし表を見ればわかるように、昔話においてはタヌキとの互換性がかなり強い。雑食性、木登りを得意とする山住みの中型哺乳類という点で、サルはタヌキ類に近い。ウサギはその大きさから言って、ヤカン・タヌキ類とネズミ類の中間にはいり、中途半端である。耳が長いという特異な性質をもつ。しかもヤカン・タヌキ類の肉食性・雑食性になじまず、ネズミの陰湿からも遠い。さらにまた人の食用になるが、動物名としてはシシとよばれない。けれども、あえていずれかの類に入れなければならないとすれば、穴居性の小型動物としてネズミ類に近縁ということになろう。

水の動物、とくに海の動物についても、いちぶは家畜との類比理解がなされているのかも知れないが、本書各論では、クジラ目《もく》・食肉目アシカ科・カメ目・硬骨魚類・軟骨魚類、およびカニ以外の無脊椎動物はすべて扱わなかった。本項においても論述をさけたい。率直に言うと、私の研究がそれらについて考察する段階にたっしていない。

神使と妖怪

山の動物を家畜との類比において理解するならば、それらには山神の家畜としての特性が強調されることになる。各種動物個々の機能については、キツネ・シカ・イヌ・タヌキ・イノシシ・オオカミ・ネコ・イタチ・ウマ・カモシカの項で断片的に述べたが、これとの重複をいとわず整理しておこう。

シカ・イノシシ・カモシカなどのシシ類は、騎乗用・駄送用の動物である。オオカミとキツネのヤカン類は先導獣、それに加えてオオカミは警備役として重視される。タヌキ類・ネズミ類の神使化の傾向は比較的弱い。タヌキ類がネコの投影によって形成されたとすると、ネコはもともと使役用の家畜ではない。ネズミは家畜ですらない。それゆえ、これらが投影された野獣に、神が使役する家畜の性格を求めることが困難であることは理解しやすいだろう。ただしヤカン・タヌキ・ネズミ三類の境界を占めるイタチ・オコジョ・イイズナは、キツネ的性向のおかげで、名もない山々の神の使令として、さらには術者の呪具として機能した（イタチの項）。とはいえ稲荷・春日・日吉・三輪に匹敵する大手の神の神使としては定着しえなかった。ウサギやネズミを祀る神が知られていないわけではないが、その勢力は微々たるものである。

ムシ類のなかではヘビのみが、三輪をはじめ強力な山神の使者として、現在もなお広く信仰されている。ヘビに対応する家畜は存在しない。あえて対応者を見いだすとすれば、それは人以外ではありえない。ヘビの主な機能は、人との結婚および水の管理である。ヘビと人との類比の根拠としては、男根との連想を否認すべきではないが、なによりもかつて日本の主要部を支配した山神の性格の残存を見なければならない。三輪などのヘビは、現在では神使へ格下げされたにもかかわらず、他の動物神使にくらべると、神の霊威を濃厚に保留している。サルが日吉のような有力な神の使者でありえる理由も、ヘビの例とおなじく人そのものに近い点にある。しかしこの類似の印象は、歴史的な経過を措くと、ヘビのばあいの換喩ではなく、直喩にもとづく。

動物神使の観念が普及したのは、中世になってからである。稲荷のキツネ、春日のシカ、日吉のサルは、この時期の文献にはじめてあらわれた。キツネは『神道集』「稲荷大明神事」（一三五〇年ごろ）・『稲荷大明神流記』（一四世紀）、シカは『古社記』（一二三五年ごろ）・『春日権現験記』（一三〇九年）、サルは『耀天記』（一二二三年）・『平家物語』（一三世紀なかば）などに神使として初出する。神使の観念は、『日本書紀』皇極紀のサルにすでに示顕されているが、中世にいたって神仏混交の現象が動物神の存在をいっそう困難にし、動物神使への下降を一般化した。

如来や菩薩は動物ではありえない。ただ如来・菩薩の前世が動物だったとする言い逃れは可能だが、この理屈は動物神を支持するほどの力をもたない（サルの項）。一方、動物が仏、その守護神あるいは僧侶に仕える説話は数多い（サル・イヌ・ネズミ・ウサギの項）ので、神仏混交は動物の神使化の妨げにはならない。守護神が動物の形態をとることもあるが、それも神使と混同される。なぜなら、神仏が混交すれば、神使と仏守護神の混交も必然である。

前著で述べたように、動物神の霊威の衰弱は『古事記』・『日本書紀』の時代にはじまっており、その神使としての定着は、一面では動物の霊威低落傾向に歯どめをかけた。けれどもこの方途をえらぶことができなかった野獣のほうがむしろ多い。さきの民俗分類で言えば、タヌキ類・ネズミ類のほとんどがそうであったし、シシ類においても、イノシシとクマの神使化の傾向は弱い。ムシ類に属するヘビ以外の小動物はなおさらのことである。これらの動物のうち霊威をなお残しているものは、主人持ちの身分を拒んで妖怪と化した。タヌキ・イノシシ・クマ・カワウソがこの部類に入りうることは、各論のそれぞれの項で述べた。

キツネは、中国伝来の狐妖の要素と神使の要素を併有し、その両方のイメージは二者背反的であるが、後者の要素は現代においても消失していない。一九世紀に近くなるとキツネとタヌキの妖怪は三枚目化し、人と無益な知恵くらべを試み、敗北を喫する。かくてこの運命は、前出の表における「叺キツネ」から「八化け頭巾」にいたるまでの昔話の定筋となった。キツネとタヌキは、近世前期にいたるまでの経歴の相違にもかかわらず、近世後期以降においては三枚目妖怪の主役として互換可能になった（中村、前著）。表における中央近くの枠組は、その範疇を示す。カワウソを基本モデルとするカッパもまた、三枚目性をおびた動物的妖怪として、この部類に入れてもよいだろう（カワウソの項）。話をもとにもどすと、キツネとタヌキの関係は、イヌとネコの関係と似て、対立と互換性の両契機をふくみ対偶的である。ついでながらシカとイノシシについても、いくらか対偶的相関が見られる。ひとしく神のウマとして奉仕しながら、優美と粗暴のイメージは対立する。

以上のように動物神は、しだいに神使と妖怪に分化していく傾向を示すが、この分化が絶対的だと考えてはならない。とくにさきに神使化を指摘した動物については、その点を見落すべきではないであろう。ヘビはいまだに三輪以外の多くの神の祭礼においても、大役を演じている（ヘビの項）。にもかかわらず昔話「ヘビ聟」や全国各地の伝説において、その役どころは妖怪的である。ヘビ以外の神使にかんしては、その活動範囲はいっそう限定される。つまりシカは春日や鹿島など少数の神にたいしてのみ、キツネとサルはそれぞれ稲荷と日吉においてのみ神使として優遇される。この現象は一面、がんらい稲荷信仰や日吉信仰と無縁であったキツネ・サルの地方神が、稲荷・日吉の勢力の全国拡布にともない、これらの中央部の神に吸収された事情をものがたる（サル・キツネの項）。春日・鹿島神社の分布は稲荷・日吉ほど稠密ではないが、本社以外の春日・鹿島についても、稲荷・日吉とおなじ状況があっただろう。

けれども当初キツネとサルを神使として採用した神が稲荷と春日・鹿島のみであったとい

う事実は、他面、神使として救出されないまま妖怪化した多くの同類の存在を暗示する。キツネの妖怪性は、くりかえしになるが中国の狐妖譚の影響をもうけており、また昔話・伝説・世間話をとおして誰でも知っている。サルの妖怪性も『今昔物語集』二六―七・八のサル神（サルの項）や昔話「サル神退治」において明らかである。オオカミも三峯神社などでは神使として特別の祠まで与えられているが、昔話では「鍛冶屋の婆」のように妖怪化した（オオカミの項）。一般に、特定の山地を占有して特定の神の信仰に執着する神社の主宰者は、その山に住む動物の歴史を重視し、神使としてこれを用い、またこれに頼るべきであったろう。しかし特定の山社に責任をもたず、民話を流布しつつ放浪する諸教雑芸の人びとにとって、ある種の山の動物たちは、彼らに不気味な体験をもたらし、ときには生命をおびやかす存在でありえた。そして神の山から分離され、自由に移動する人たちの手に渡った動物神使は呪具と化した（イタチの項）。

大きさによる分類は、動物の自然の基礎にもとづいてはいるが、この上にいく層もの歴史的所産が累積して、全体の構成にたっした。まず野生動物に家畜のイメージが投影された。この家畜の機能の投影は、さらに動物神の霊威衰退と本地垂迹説の流布を条件として、動物神使の観念の一般化に貢献した。また家畜は歴史の過程の産物である。『古事記』・『日本書紀』が編集された時代ののちに、日本人のあいだで新たになじまれるようになった家畜はネコである。ネコの渡来はふつう奈良時代初期と推定されているが、貴族でも豪族でもない一般の人びとに愛玩されはじめたのは、平安時代も末期であったろう。してみると、ネコの機能が野生動物に投影され、タヌキ類の民俗範疇が誕生した時期は、千古の昔というわけにはいかない。現実に狸と称する野生動物が説話で活躍する初出は『宇治拾遺物語』（一二〇〇年ごろ）八―六。そして妖怪としてのネコマタの記載もおなじころ、藤原定家の『明月記』天福元年（一二三三）八月の日録にはじまる。いわく、奈良にネコマタという獣が出現し、一夜に七〜八人に食いついて死者が多くでた。「目はネコの如く、その体イヌの長さの如しと云々」。

『鳥獣人物戯画』甲巻（一二世紀なかば）には**図7**のようなネコ的動物が登場するが、近くでネズミがおびえているので、ふつうこれはネコとされているがトラ説もある。ところが甲巻に姿をみせる動物は二つの共通点をもっている。すなわち第一にすべて野生動物であり、第二にいずれも一二世紀の日本に生息していた。この二つの基準にてらしてみると、ネコは第一基準に、トラは第二基準にあわない。思いきって言うと、これこそがネコマタではないか。このネコマタはもちろんネコの投影をうけた野獣であり、日本における狸の一つの解釈だったであろう。

陸の動物と水の動物の二項分類成立のばあいとおなじく、野生動物の形態・習性の自然のイメージ、人の生活と野生動物とのかかわりあいの歴史、および諸動物間のイメージ相関の歴史、これらの要因が重なりあって、大きさにもとづく民俗的範疇が形成された、ということができる。

人との遠近

動物のなかには、擬人化されやすい種類とそうでないものがある。人との近接の根拠は、形態・行動における類似によるばあい、その動物の霊威にたいする強い印象から生じるばあい、および対等に近い立場にたった上での人との親密によるばあいがある。第一の典型例がサルであることは言うまでもない（サルの項）。第二の例としては、ヘビとクマをあげることができる。ただしすでに述べたとおり、ヘビについては人の男根との換喩関係を無視できない。そして第三の型は、家畜とくにネコによって代表される（ネコの項）。第一・第三の型が擬人化されやすいのは自明なので、第二の型についていくらか説明しよう。

かつて強力な神として出現した動物のうちある種のものは、威厳ある人格神の時期を経過した。その人格神の人的なイメージが、ヘビにかんしては現在もわずかに残っている。ヘビの形態・行動は、全体としては少しも人に似ていないが、古代に有力豪族の祖先神として祀られたおかげで、また人の死霊の象徴として恐れられた結果として（ヘビの項）、説話においてしばしば人のように振舞う。死せるクマの霊威も、おなじように畏怖された。そのため今でも猟師たちは、クマの死体を人なみに処置する（クマの項）。クマの人格化については、アイヌのクマ信仰が参考になるだろう。彼らが信じるところによると、クマなどの動物

図7　『鳥獣人物戯画』甲巻

神は神がみの国で人の姿で生活しており、アイヌの部落を訪れるとき、動物の形態で現われる（知里真志保・小田邦雄、一九六八）。

一般に、人に近いとみなされている動物は人に化け、また妖怪化する傾向がいちじるしい。霊威を歪められ貶められた神は妖怪化し、それはしばしば異形の人の姿をとる。キツネ・タヌキ・カワウソは、この点で人的な動物であった（カワウソの項）。ヘビもまたしかり。サルは、はじめから形態的に異形の人なので化ける必要はない。クマのみは人に化けず、これは現在の民話でクマがあまり活躍しないことと関係がある。後者の原因についてはクマの項で論じたので、ここではくりかえさないが、ただ一つ追加すると、クマ信仰の顕在と潜在は、アイヌの文化と日本の文化の共通基盤およびその分岐に無縁ではないであろう。

ヨーロッパにおける進化論誕生の前提のひとつは、生物界における位階の観念であった。

そしてこの位階の頂点には、人が位置していなければならない。人にはじまり、形質の微細な差異と類似にもとづく位階の階段が下へ下へと降りてゆき、最下等の動物にいたる。

日本においてもたしかに、人が万物の長だとする思想があった。それはおそらく仏教思想と中国文化の影響のもとに形成された。吉田兼好は『徒然草』（一三三〇年ごろ）二一一において、中国の『書経』を引き、人は天地の霊と語っている。室町時代のお伽草子類『玉水物語』で、キツネの玉水は宰相の娘を見そめ慕ったが、みずからの畜生の身を恥じ、思いあきらめ去ってゆく。そのとき玉水は歎く。「われら畜類なり、いまだ業因さかんなり……また人体は仏の体なり」。

サルが人に似ているという直観もまた、常識化していた。にもかかわらず、人の代替物として解剖の材料をえらぶとなると、サルではなくカワウソに行ってしまう。カワウソの項で説明したように中国の事情の影響もあったろうが、人に近接した動物としてはサルのみが一義的に想定されるはずだ、という常識は、伝統的な日本人の精神構造に反する。そこには、人を頂点とし、すぐ下にサルを置き、さらに直線的に下降してゆく動物の系列は存在しない。人を中心に、サル・ヘビ・クマ・ネコ・イヌ・キツネ・カワウソその他任意の動物が四方八方にそれを取りまく多次元的な図式が、日本人の思考様式であった。ここで人と動物とのあいだの距離を定めるのは、生物学的な類縁ではなく心理的な親近である。安岡章太郎の『人犬一如、コンタとゴリ』（一九六八年）の表現を改変して用いると、人獣一如の境地を人に許す動物が、ヨーロッパ人とくに動物愛護家にとっても存在しないわけではない。けれども彼らとちがって日本人は、人獣一如の対象たりえる動物との距離が、たんに心理的なものであることを自覚せず、それらの動物が客観的に人に近いと感じていた。

以上、日本人の民俗的な動物範疇について概略述べた。しかし実際には、人びとが生きた歴史的時代・居住地域、彼らの職業・階級と社会的地位によって、その動物観はさまざまであったろう。歴史的な考慮はいくらか試みたがそれでも不充分であり、まして他の点になると、多様な現実を均質化して論じたうらみは消えない。しかしこの欠陥は私の意図するところではなく、未熟の結果である。

またあとひとつ断っておきたい問題がある。私が提示した民俗的範疇は、かならずしも人びとによって意識されていたとは限らない。現にシシ類・ヤカン類・タヌキ類・ネズミ類のような分類の範疇名はもちろん、それに匹敵する他の範疇名も実在しない。私は民俗諸現象の資料にもとづいて、人びとの心のなかに潜在している認識範疇の、おぼろげな輪郭を探りあてようとしたにすぎない。松井健（一九八三）は、バタン島の生物民俗分類体系の研究をつうじて、名称をあたえられていない隠れた範疇が、文化的伝統に固有であることを明らかにした。さらに野林正路（一九八二・八三、一九八四、一九八六）は広く言語の構造一般について、表面にあらわれた伝達言語の語形の奥に、これと独立した認識言語が存在することを発見した。日本人の動物分類範疇の意味についても、野林や松井の研究成果にてらして再考究する必要を感じるが、その実現は今後の課題としたい。

日本人とヨーロッパ人の動物観

ここまで来たからには、日本人とヨーロッパ人の動物観の相違について、あと少しふれておこう。このテーマは前著においてもとりあげたが、不充分な点があったので、その補論の意味もかねる。

ひとつには、民間信仰の上にキリスト教がおおいかぶさってきたヨーロッパと、仏教が重なった日本との相違が問題になる。ここで動物神の運命が截然とわかれた。日本において動物神の多くは動物神使または妖怪のいずれかに転じた。しかも妖怪化の途をえらんだ動物も、最終的には三枚目的役柄に堕し、人となれあう。とくに近世後期以降、タヌキのごときは茂林寺の守鶴のように、禅寺の食客となって恥じない（松浦静山『甲子夜話』一八二七年、三五―三〇）。一方、キリスト教の支配下におかれたヨーロッパ古層の動物神は、妖怪化するほか選択の途をもたなかった。しかも三枚目に徹して新しい宗教の御機嫌をとりむすぶ方便も拒んだ。古い動物神は、中世末期および近代初期の絵画に描かれているように、キリスト教の神とこれを信じる人びとにたいする怨みを、忘れることができなかった。

けれども、宗教的な視点だけからでは、動物にたいする彼我の態度の相違を説明しつくしえない。なぜなら、人獣一如の心情においてヨーロッパ人にひけをとらないはずの日本人

が、現在では、動物の過剰殺戮のかどで、欧米の動物愛護運動家から強く批判されているか
らである。

まず日本人の動物にたいする親近感と、動物の殺戮が矛盾しないことを指摘しておきたい。動物の神使や妖怪の祖型である動物神は、人に便宜もあたえるが危害も加える（サル・イノシシ・ヘビの項）。そして神から人にむけられた災厄を、人は神への恭順を誓うことによって避けるばあいもあるが、人が神にたいし反撃にでて難からのがれようとするばあいもある。夜刀の神にたいするマタチの態度（ヘビの項）、『古事記』・『日本書紀』景行記紀におけるヤマトタケルの行動は、後者の例の古い記録であった。ヤマトタケルは足柄の坂本（紀では信濃の坂）で出会った山神のシカの目を蒜でうち、この神の生命を奪ったのである。これらの神の末裔である動物たちにたいしても、日本人は同様の態度で遇している。

宗教の問題をべつにすると、ヨーロッパ人と日本人の動物観を分けた大きな要因は、食用に特定した家畜の有無である。近代以前の日本人は、食用を目的とした家畜を飼育しなかった。哺乳類を食するときには、野生獣のみを対象とした。千葉徳爾（一九七五）によれば、現在においても、山中では野獣肉を平気で食べながら、村に帰るとウシ・ウマの肉を拒む猟師が多い。ところが一方、野生哺乳類の食習慣は意外に普及していたらしい。高取正男（一九七九）・山口健児（一九八三）は、平安時代の京都ではイノシシ・シカの肉が食膳を飾っていたことを明らかにし、飯田道夫（一九七三）と山口は、近世の文献にもとづき江戸にお

ける獣肉食の流行を紹介している。森立之の『遊相医話』（一八四八年）によれば、「文化ノ頃マデハ舟人輿丁工匠等ク賤人ノ食ナリシガ、弘化ノ今日ニ至テハ、士大夫ヨリ婦女子ニ至ルマデ肉味ヲ知ザルハナシ」という状況であった。獣の種類はイノシシ・シカのほかカモシカ・クマ・アナグマ・ウサギなど多様である。山村においても、イノシシ・シカ・カモシカの肉がふんだんに食べられていた、と松山（一九七八）は指摘している。ふりかえって奈良時代以前に眼をうつすと『日本書紀』天武紀の有名な肉食制限の詔にも、「ウシ・ウマ・イヌ・サル・ニワトリの宍を食うことまな。以外は禁《いさめ》の例《かぎり》にあらず」と明記されており、サル以外の野獣の肉食は許されていた。ようするに日本人は、各時代を通じて野生哺乳類を食しながら、食用家畜をけっして飼育しなかった。また古来日本人が、動物蛋白質源として野獣以上に愛用したサカナ類は、もちろん飼育の対象ではない。漁民は、海湖江川に自由に遊泳しているサカナを撈した。

ところがヨーロッパ人は、ブタ・ヒツジ・ヤギ・ウシを食用家畜として飼育し、肉食の対象をこれらの動物に限定することができた。狩猟の目的はスポーツか毛皮の入手であって、野生動物の殺戮は、彼らの食生活にはさして重要な意味をもたなかった。彼我のこの相違から、二つの注目すべき結論がえられる。

第一に、ヨーロッパ人にとって、野生動物とくに毛皮の利用価値が乏しい動物の生命をうばう必要は少ない。それゆえ、食用に特定したごく少数の家畜をのぞいて、動物を保護下におくことは容易である。近代以前の日本人はその逆の立場にあり、サカナ類については今なお事情は変らない。第二に、ヨーロッパ人の肉食の対象は家畜に限定されるので、その頭数は比較的調節しやすい。しかも頭数調節の発想を野生動物にまで延長することも、むずかしくはない。けれども近代以前の日本人は、その支配外にあって自由に生活している野生哺乳類を食用にしたので、頭数の調節は困難であった。そして頭数調節という発想が充分に育たないまま現在にいたった。サカナ類については今なお自由生活のものを漁撈しており、日本人の食生活におけるサカナの比重はいまだに小さくない。漁業資源の乱獲をめぐる彼我の衝突には、ひとつにはこのような歴史的背景の相違が影響している。

さらに二つのことを追加しておきたい。日本人は、食用に特定した家畜を飼育しなかったので、状況しだいでは、野獣のみならず非食用の家畜をも食用の対象にした。鋳方貞亮（一九四五）と塚本学（一九八三）は、それぞれ古代・近世において、イヌ食の習慣があったことを明示している。私の個人的な体験においても、太平洋戦中・戦後の食糧危機の時代、身近かでイヌが屠殺され食用にされた事件を三例まで知っている。そのうち一件は、学生時代、わが家の愛犬ジュウベエの失踪の結末であった。ジュウベエは、妹の表現によれば、人としては利口だがイヌとしては馬鹿な、おかしなイヌであった。

けれどもまた、野獣・非食用家畜・食用家畜を通算すると、ヨーロッパにくらべて日本人の伝統においては、哺乳類屠殺の件数が多くなかったことも事実である。哺乳類は少なくとも現代人の感覚からみてもっとも人に近い。このことは人類の生命の尊厳を今後考えていくときにかならず考慮すべきであろう。もちろん哺乳類を食する習慣を禁止せよ、と主張しているわけではない。このへんの問題については、かつていくらか論じたことがある（中村、一九八一）。

文献表

研究書・論文

(1) 本書のなかで示した研究書・論文を、著者名のアイウエオ順に配列した。

(2) 本書のなかでは、著者名のつぎの( )内に、原則としてその文献が刊行された最初の年が記されている。ただし最初の刊行年がかんたんには判明しなかったばあいは、私が利用した刊行物の初版発行年を記した。同一著者が同一年に複数の文献を出しているばあいは、それらを区別するために刊行年のあとにa・bの記号を記した。文献の成稿年と刊行年のあいだに大きな懸隔があるばあい、( )内には成稿年をあげた。具体的には天野信景(一七三三)・谷川士清(一八世紀後半)・柳田国男(執筆年不明)がこれに該当する。

(3) 個々の文献の最初の刊行形態と、私が利用した刊行物はかならずしも同一ではない。これを考慮して必要事項をつぎの順に記載した。(i)著者名 (ii)最初の刊行形態の発行年 (iii)文献名 (iv)利用書の著・編者名 (v)利用書名 (vi)利用書における当該文献のページ (vii)利用書の出版社名 (viii)利用書の初版発行年。ただし(i)と(iv)が同一のばあいは(iv)を、(ii)と(viii)が同一のばあいは(viii)を、(iii)と(v)が同一のばあいは(v)を、それぞれ省略した。

(4) 雑誌論文については、いくらか記載事項がことなるが、おおむね(3)に準じた。その他(3)の規則どおりにはいかない例もあり、個々のばあいに応じて処理した。

朝日稔(一九七七)『日本の哺乳動物』玉川大学出版部
麻生磯次(一九七六)稲荷の川柳 中村直勝他『お稲荷さん』二一二―二一八ページ あすなろ社
阿部主計(一九六八)『妖怪学入門』雄山閣出版

阿部真司（一九八一）『蛇神伝承論序説』伝統と現代社
天野信景（一七三三）『塩尻』　日本随筆大成・第三期13—18　吉川弘文館（一九七七・七八）
飯田道夫（一九七三）『猿　よもやま話』評言社
鋳方貞亮（一九四五）『日本古代家畜史』河出書房
池田源太（一九七一）三輪の神の諸形態と保護精霊　日本文学研究資料刊行会編『日本神話』Ⅱ　一一二—一二三ページ　有精堂出版（一九七七）
池田啓（一九八五）「狸」と「タヌキ」『月刊文化財』第二六七号　一六—二三ページ
石上七鞘（一九七三）『古代伝承文芸序説』桜楓社
石川純一郎（一九七四）『河童の世界』　時事通信社
石田英一郎（一九六六）『新版河童駒引考』東京大学出版会
石塚尊俊（一九五九）『日本の憑きもの』　未來社
市川健夫（一九八一）『日本の馬と牛』　東京書籍
井上友治（一九八〇）『狸と日本人』　黎明書房
伊波普猷（一九〇六）琉球人の祖先に就いて『古琉球』一—六〇ページ　沖縄公論社（一九一一）
岩井宏美（一九七六）稲荷と狐　中村直勝他『お稲荷さん』一三〇—一三九ページ　あすなろ社
上野憲示（一九七七）「鳥獣人物戯画」の復原と観照『鳥獣人物戯画』日本絵巻大成6　一二二—一七四ページ　中央公論社
上原虎重（一九五四）『猫の歴史』　創元社
碓井益雄（一九八二）『霊魂の博物誌』河出書房新社
内山孝一（一九七三）解説　伏屋琴坂『和蘭医話』五八—九三ページ　医歯薬出版
大内恒（一九四四）『鼠』　万里閣

大木卓（一九七五）『猫の民俗学』田畑書店
大野晋・佐竹昭広・前田金五郎編（一九七四）『岩波古語辞典』岩波書店
大場磐雄（一九八〇）『十二支のはなし』ニュー・サイエンス社
岡田章雄（一九八〇）『犬と猫』毎日新聞社
岡田弥一郎（一九七四）『蛙談義』考古堂書店
小川鼎三（一九七四）個人的談話
奥田勲（一九七八）『明恵　遍歴と夢』東京大学出版会
小野重朗（一九六四）柴祭と打植祭『農耕儀礼の研究』一〇〇―一三四ページ　弘文堂（一九七〇）
小原秀雄（一九六四）小原他『20世紀の新発見』紀伊國屋書店
小原秀雄（一九七〇a）『日本野生動物記』中央公論社（一九七二）
小原秀雄（一九七〇b）『続日本野生動物記』中央公論社（一九七二）
小原秀雄（一九八四）『毎日新聞』六月一七日付記事「何をいまさらエリマキ騒ぎ」による
小原秀雄・田中豊美（一九七七）『日本野生動物の旅』どうぶつ社
折口信夫（一九二四）信太妻の話『折口信夫全集』第二巻　二六七―三〇九ページ　中央公論社・文庫（一九七五）
貝原益軒（一六九九）日本釈名『益軒全集』巻之一　一―八三ページ　国書刊行会（一九七三）
景山春樹（一九七八）『神像』法政大学出版局
金井典美（一九七八）蛙神考『諏訪信仰史』九五―一〇二ページ　名著出版（一九八二）
金井典美（一九八二a）金沢文庫古書「陬波御記文」と「陬波私注」『諏訪信仰史』一六二―一九一ページ　名著出版
金井典美（一九八二b）諏訪御本地縁起の写本と系統『諏訪信仰史』二七八―三一九ページ　名著出版

金沢弘（一九七八）「華厳宗祖師絵伝」成立の背景と画風　『華厳宗祖師絵伝』日本絵巻大成17　七八―九二ページ　中央公論社
金子浩昌（一九八四）『貝塚の獣骨の知識』東京美術
加茂儀一（一九七三）『家畜文化史』　法政大学出版局
加茂儀一（一九八〇）『騎行・車行の歴史』　法政大学出版局
川村俊蔵（一九五七）　奈良公園のシカ　今西錦司編『日本動物記』4　一―一六六ページ　思索社（一九七一）
岸上鎌吉（一八八九）　蛙蛇を呑む『動物学雑誌』第一巻第七号　二三二ページ
橘井葵陰（一九一八）　たぬきとまみ　戸川残花編『たぬき』四四―四六ページ　三進堂書店・清和堂書店
久米邦武（一九一八）　狸貉同異の辨　戸川残花編『たぬき』一四〇―一八七ページ　三進堂書店・清和堂書店
黒沢幸三（一九六八）　蟹満寺縁起の源流とその成立『日本古代の伝承文学の研究』三一五―三三四ページ　塙書房（一九七六）
小泉丹（一九四二）『科学的教養』　大日本出版
駒木敏（一九七九）『古代文学と民話の方法』　笠間書院
五来重（一九七六）『鳥獣戯画巻』と民俗『鳥獣戯画』新修日本絵巻物全集4　四九―六六ページ　角川書店
斎藤慎一郎・川名興（一九八五）『クモの合戦』　未來社
酒井シヅ（一九七四）　個人的談話
酒井恒（一九五六）『蟹』　紫生書院
澤田瑞穂（一九七八）『中国動物譚』　弘文堂

渋沢敬三（一九四三）塩『祭魚洞襍考』三—五八ページ　岡書院（一九五四）
渋沢敬三（一九四九）延喜式内水産神饌に関する考察若干『祭魚洞襍考』二四二—三〇七ページ　岡書院（一九五四）
渋沢敬三（一九五九）『日本魚名の研究』角川書店
清水栄盛（一九七五）『ニッポンカワウソ物語』愛媛新聞社
白井光太郎（一九一〇）柳田国男への書簡『定本柳田国男集』第四巻　四四四—四四六ページ　筑摩書房（一九六八）
白石昭臣（一九七七）『日本人と祖霊信仰』雄山閣出版
白川静（一九七五）『中国の神話』中央公論社・文庫（一九八〇）
白洲正子（一九六七）『明恵上人』新潮社（一九七四）
関敬吾（一九五三）『日本昔話集成』第二部本格昔話1　角川書店
相馬由也（一九一八）狸貉貛の名称　戸川残花編『たぬき』九七—一三九ページ　三進堂書店・清和堂書店
高木敏雄（一九一三）牛の神話伝説『増訂日本神話伝説の研究』2　三〇六—三四一ページ　平凡社・東洋文庫（一九七四）
高田栄一（一九八六）個人的教示
高取正男（一九七五）『日本的思考の原型』講談社・現代新書
高取正男（一九七九）『神道の成立』平凡社
高橋喜平（一九五八）『ノウサギの生態』朝日新聞社（一九八二）
滝沢馬琴（一八一〇）『燕石雑志』日本随筆大成・第二期19　二六三—五七六ページ　吉川弘文館（一九七五）
竹内利美（一九七四）馬の民俗　森浩一編『馬』一五五—一八一ページ　社会思想社

田中優子（一九八二）江戸十八世紀表現媒体論『試論』第二号　五四―九六ページ
谷川健一（一九七四）『神・人間・動物』平凡社（一九七五）
谷川士清（一八世紀後半）『倭訓栞』（『増補語林倭訓栞』上・中・下）名著刊行会（一九六八）
千葉徳爾（一九六九）『狩猟伝承研究』風間書房
千葉徳爾（一九七一）『続狩猟伝承研究』風間書房
千葉徳爾（一九七五）『狩猟伝承』法政大学出版局
千葉徳爾（一九七七）『狩猟伝承研究後篇』風間書房
知里真志保・小田邦雄（一九六八）『ユーカラ鑑賞』潮文社・新書
塚本学（一九八三）『生類をめぐる政治』平凡社
筑紫申真（一九六二）『アマテラスの誕生』角川書店・新書
津田左右吉（一九一九）『古事記及び日本書紀の新研究』洛陽堂
津田左右吉（一九四八）『日本古典の研究』上　岩波書店
藤堂明保（一九八〇）『漢字の話』I　朝日新聞社
戸木田菊次（一九六二）『カエル行状記』技報堂
直江廣治（一九七六）稲荷信仰普及の民俗的基盤　中村直勝他『お稲荷さん』一一四―一二九ページ　あすなろ社
直良信夫（一九四一）『日本産獣類雑話』山岡書店
長尾勇（一九五四）地蜘蛛考『国語学』第一九輯　六五―七四ページ
中里隆憲（一九八二）蟹満寺説話と南山城　日本霊異記研究会編『日本霊異記の研究』一三六―一七八ページ　三弥井書店
中野美代子（一九八三）『中国の妖怪』岩波書店・新書

中村禎里（一九八一）生命と遺伝『自然読本・遺伝と生命』五二―六二ページ　河出書房新社
中村禎里（一九八四）『日本人の動物観』海鳴社
中山太郎（一九二六）『日本民俗志』総葉社書店
中山太郎（一九三〇）蟹守土俗考『日本民俗学・風俗篇』一―三二ページ
中山太郎（一九四一）『伝統と民俗』三友社
仁部富之助（一九四三）『野の鳥の生態』3　大修館書店（一九七九）
野沢謙・西田隆雄（一九八一）『家畜と人間』出光書店
野林正路（一九八二・八三）語よりも語の重なりが意味を区別する『日本語学』第一巻第一号　六四―六八ページ、第二号　七二―八三ページ、第二巻第一号　六八―七六ページ
野林正路（一九八四）言語生活の構造と意味論『言語生活』第三九三号　七二―七七ページ
野林正路（一九八六）『意味をつむぐ人びと』海鳴社
早川孝太郎（一九一六）鼬の話『早川孝太郎全集』第四巻　二四六ページ　未來社（一九七四）
早川孝太郎（一九二五）鳥の話『早川孝太郎全集』第四巻　二七三―二九五ページ　未來社（一九七四）
早川孝太郎（一九二六）『猪・鹿・狸』『早川孝太郎全集』第四巻　一三―一四四ページ　未來社（一九七四）
林田重幸（一九七四）日本在来馬の源流　森浩一編『馬』二一五―二六二ページ　社会思想社
肥後和男（一九四七）『日本に於ける原始信仰の研究』東海書房
斐太猪之介（一九六七）『山がたり』文藝春秋
日野巌（一九二六）『動物妖怪譚』養賢堂
平岩米吉（一九八一）『狼――その生態と歴史』池田書店
平林盛得（一九六三）増賀聖奇行説話の検討『国語と国文学』第四〇巻第一〇号　一〇五―一一八ページ

松井健（一九八三）『自然認識の人類学』どうぶつ社
松村任三（一九二一）『溯源語彙』丸善
松村武雄（一九五四）『日本神話の研究』第一巻　培風館
松村武雄（一九五八）『日本神話の研究』第四巻　培風館
松本信広（一九三〇・三一）豊玉姫伝説の一考察『日本神話の研究』三九―九〇ページ　平凡社・東洋文庫（一九七一）
松本信広（一九三一）スサノヲノ命および出雲の神々『日本神話の研究』一一七―一五五ページ　平凡社・東洋文庫（一九七一）
松山義雄（一九四三）『山村動物誌』山岡書店
松山義雄（一九五三）『山国の動物たち』創元社
松山義雄（一九七七a）『狩りの語部』法政大学出版局
松山義雄（一九七七b）『続狩りの語部』法政大学出版局
松山義雄（一九七八）『続々狩りの語部』法政大学出版局
三谷栄一（一九七四）『日本神話の基盤』塙書房
南方熊楠（一九一〇）本邦における動物崇拝『南方熊楠全集』第二巻　七七―九六ページ　平凡社（一九七一）
南方熊楠（一九一四）虎に関する史話と伝説、民俗『十二支考』1　三―九一ページ　平凡社・東洋文庫（一九七二）
南方熊楠（一九一五a）兎に関する民俗と伝説『十二支考』1　九三―一一七ページ　平凡社・東洋文庫（一九七二）
南方熊楠（一九一五b）ニクと称する動物『南方熊楠全集』第三巻　二三〇―二三二ページ　平凡社（一九

七一)
南方熊楠(一九一六)田原藤太竜宮入りの譚『十二支考』1 一一九―二三九ページ 平凡社・東洋文庫(一九七二)
南方熊楠(一九一七)蛇に関する民俗と伝説『十二支考』1 二三一―三二四ページ 平凡社・東洋文庫(一九七二)
南方熊楠(一九二〇a)猴に関する民俗と伝説『十二支考』2 一七五―二八九ページ 平凡社・東洋文庫(一九七三)
南方熊楠(一九二〇b)スッパとカニサガシ再追記『南方熊楠全集』第三巻 四六六―四六七ページ 平凡社(一九七一)
南方熊楠(一九二一)鶏に関する民俗と伝説『十二支考』3 三―一一二ページ 平凡社・東洋文庫(一九七三)
南方熊楠(一九二六)再び毘沙門について(「鼠に関する民俗と信念」のいちぶ)『十二支考』3 二五三―二六八ページ 平凡社・東洋文庫(一九七三)
宮崎荘平(一九八二)王朝文学に猫を見た『国文学』第二七巻第一二号 五二―五六ページ
森浩一(一九七四)考古学と馬 森編『馬』四三―八六ページ 社会思想社
森豊(一九七六)『龍』六興出版
守屋俊彦(一九七一)日本霊異記小考三・中巻第八縁『日本霊異記の研究』一二七―一四〇ページ 三弥井書店(一九七四)
諸橋轍次(一九六八)『十二支物語』大修館書店
八木沼健夫(一九六九)『クモの話』北隆館
柳田国男(一九〇九)『後狩詞記』『定本柳田国男集』第二七巻 一―三九ページ 筑摩書房(一九七〇)

柳田国男（一九一〇a）『石神問答』『定本柳田国男集』第一二巻　一―一六一ページ　筑摩書房（一九六九）
柳田国男（一九一〇b）『遠野物語』『定本柳田国男集』第四巻　一―五四ページ　筑摩書房（一九六八）
柳田国男（一九一〇・一一）『山神とヲコゼ』『定本柳田国男集』第四巻　四四一―四四八ページ　筑摩書房（一九六八）
柳田国男（一九一四）『山島民譚集』『定本柳田国男集』第二七巻　四一―二四三ページ　筑摩書房（一九七〇）
柳田国男（一九一六）小豆洗ひ（『妖怪談義』に所収）『定本柳田国男集』第四巻　三五六―三五九ページ　筑摩書房（一九六八）
柳田国男（一九一八）『狸とデモノロジー』『定本柳田国男集』第二二巻　四六七―四七三ページ　筑摩書房（一九七〇）
柳田国男（一九二五）『山の人生』『定本柳田国男集』第四巻　五五―一七一ページ　筑摩書房（一九六八）
柳田国男（一九二七）鹿の耳（『一目小僧その他』に所収）『定本柳田国男集』第五巻　一九二―二一三ページ　筑摩書房（一九六八）
柳田国男（一九三二・三三）狼史雑話（『孤猿随筆』に所収）『定本柳田国男集』第二二巻　四四〇―四六〇ページ　筑摩書房（一九七〇）
柳田国男（一九三三a）かしこ淵（『桃太郎の誕生』に所収）『定本柳田国男集』第八巻　一四九―一五五ページ　筑摩書房（一九六九）
柳田国男（一九三三b）狼のゆくへ（『孤猿随筆』に所収）『定本柳田国男集』第二二巻　四二六―四三九ページ　筑摩書房（一九七〇）
柳田国男（一九三四a）峠の魚（『昔話覚書』に所収）『定本柳田国男集』第六巻　四三七―四四一ページ

筑摩書房（一九六八）

柳田国男（一九三四b）川童の渡り（『妖怪談義』に所収）『定本柳田国男集』第四巻　三三五―三三八ページ　筑摩書房（一九六八）

柳田国男（一九三五）かちかち山（『昔話と文学』に所収）『定本柳田国男集』第六巻　二三四―二四七ページ　筑摩書房（一九六八）

柳田国男（一九三五・三六）昔話と伝説と神話（『口承文芸史考』に所収）『定本柳田国男集』第六巻　五八―一二八ページ　筑摩書房（一九六八）

柳田国男（一九三五・三六・三七・四二）『童話小考』『定本柳田国男集』第八巻　四五一―四七七ページ　筑摩書房（一九六九）

柳田国男（一九三八・三九）妖怪名彙（『妖怪談義』に所収）『定本柳田国男集』第四巻　四二四―四三八ページ　筑摩書房（一九六八）

柳田国男（一九三九a）猫の島（『孤猿随筆』に所収）『定本柳田国男集』第二二巻　三九〇―三九八ページ　筑摩書房（一九七〇）

柳田国男（一九三九b）狐飛脚の話（『孤猿随筆』に所収）『定本柳田国男集』第二二巻　三三一―三五九ページ　筑摩書房（一九七〇）

柳田国男（一九四二）鯖大師（『昔話覚書』に所収）『定本柳田国男集』第六巻　四四二―四四六ページ　筑摩書房（一九六八）

柳田国男（一九四八）狐塚の話（『月曜通信』に所収）『定本柳田国男集』第一三巻　三五六―三六一ページ　筑摩書房（一九六九）

柳田国男（一九四九）田の神の祭り方（『月曜通信』に所収）『定本柳田国男集』第一三巻　三七〇―三九四ページ　筑摩書房（一九六九）

柳田国男（一九六〇）鼠の浄土（『海上の道』に所収）『定本柳田国男集』第一巻　一一〇―一四八ページ　筑摩書房（一九六八）
柳田国男（執筆年不明）黄金の雞『山島民譚集』　二九七―三一〇ページ　平凡社・東洋文庫（一九六九）
矢野憲一（一九八三）『魚の文化史』　講談社
山口健児（一九八三）『鶏』　法政大学出版局
山田慶児（一九七九）『黄帝内経』の成立『思想』第六六二号　九四―一〇八ページ
山本福義（一九七九）山本・南雲藤治郎『山の猟師とケモノたち』　白日社
吉倉真（一九八二）『クモの不思議』　岩波書店・新書
吉田豊（一九八〇）江戸初期・実録文学の世界　吉田訳『雑兵物語他』　一七―三〇ページ　教育社・新書
吉野裕子（一九七九）『蛇』　法政大学出版局
吉野裕子（一九八〇）『狐』　法政大学出版局
渡部義通（一九六八）『猫との対話』　文藝春秋

一次資料

（1）本書において引用した資料について、私が利用したテキスト・校注本・読み下し本・現代語訳・日本語訳を、つぎの順にならべた。

（i）日本人の著作：ほぼ成立年代順
（ii）中国人の著作：ほぼ成立年代順

（2）本書のなかで引用した資料名と、私が利用したテキスト等の書名が完全に一致するばあいは、後者の名称の記載を省略した。

（3）テキスト等の書名・出版社のうち、日本古典文学大系　岩波書店は、大系　と略記した。

（4）資料・テキスト等の書名の漢字の旧字体は新字体にあらためた。
（5）ついでながら、本文中での各資料からの引用にさいしては、原文の漢字・かな表記はかなり自由に変えた。

『古事記』：倉野憲司・武田祐吉校注『古事記・祝詞』大系1（一九五八）／武田祐吉訳注『新訂古事記』角川書店・文庫（一九七七）
『日本書紀』：坂本太郎他校注　上・下　大系67・68（一九六七・六五）／井上光貞編　日本の名著1　中央公論社（一九七一）
『風土記』：秋本吉郎校注　大系2（一九五八）／吉野裕訳　平凡社・東洋文庫（一九六九）
『続日本紀』：黒板勝美・国史大系編修会編　前・後　吉川弘文館（一九八一・八二）
『催馬楽歌詞』：土橋寛・小西甚一校注『古代歌謡集』大系3（一九五七）
『古語拾遺』：安田尚道・秋本吉徳校註『古語拾遺・高橋氏文』現代思潮社（一九七六）
『日本霊異記』：遠藤嘉基・春日和男校注　大系70（一九六七）／池上洵一訳注　創英社（一九七八）
『日本後紀』：黒板勝美・国史大系編修会編　吉川弘文館（一九八二）
『宇多天皇御記』：国書刊行会編纂『続々群書類従』五　続群書類従完成会（一九六九）
『古今和歌集』：佐伯梅友校注　大系8（一九五八）
『本草和名』：與謝野寛他編纂校訂　上・下　日本古典全集刊行会（一九二六）
『延喜式』：黒板勝美・国史大系編修会編『交替式・弘仁式・延喜式前篇』・『延喜式中篇』・『延喜式後篇』吉川弘文館（一九八三・八四・八五）
『倭名類聚抄』：正宗敦夫校訂　風間書房（一九七七）
『三宝絵詞』：江口孝夫校注　上・下　現代思潮社（一九八二）

『往生要集』：石田瑞麿校注『源信』日本思想大系6　岩波書店（一九七〇）／花山勝友訳　徳間書店（一九七二）
『日本往生極楽記』：井上光貞・大曽根章介校注『往生伝・法華験記』日本思想大系7　岩波書店（一九七四）
『枕草子』：池田亀鑑他校注『枕草子・紫式部日記』大系19（一九五八）／石田穣二訳注『新版枕草子』上・下　角川書店・文庫（一九七九・八〇）
『源氏物語』：山岸徳平校注　一～五　大系14～18（一九五八～六三）／今泉忠義訳　一～二〇　講談社・学術文庫（一九七八）
『日本法華験記』：井上光貞・大曽根章介校注『往生伝・法華験記』日本思想大系7　岩波書店（一九七四）
『水左記』：矢野太郎校訂『史料大成』5　内外書籍（一九三六）
『扶桑略記』：黒板勝美・国史大系編修会編『扶桑略記・帝王編年記』吉川弘文館（一九六五）
『今昔物語集』：山田孝雄他校注　一～五　大系22～26（一九五九～六三）／永積安明・池上洵一訳　本朝部1～6　平凡社・東洋文庫（一九六六～六八）
『江談抄』：『群書類従』二七　続群書類従完成会（一九三二）
『続本朝往生伝』：井上光貞・大曽根章介校注『往生伝・法華験記』日本思想大系7　岩波書店（一九七四）
『拾遺往生伝』：井上光貞・大曽根章介校注『往生伝・法華験記』日本思想大系7　岩波書店（一九七四）
『鳥獣人物戯画』：谷信一編『鳥獣戯画』新修日本絵巻物全集4　角川書店（一九七六）／小松茂美編　日本絵巻大成6　中央公論社（一九七七）
『梁塵秘抄』：川口久雄・志田延義校注『和漢朗詠集・梁塵秘抄』大系73（一九六五）
『伊呂波字類抄』：正宗敦夫編　風間書房（一九七六）
『多武峰略記』：仏書刊行会編纂『大日本仏教全書・寺誌叢書第二』仏書刊行会（一九一三）
『類聚名義抄』：正宗敦夫編　一・二　風間書房（一九七八～八一）

『水鏡』：国民図書編『水鏡他』日本文学大系一二　国民図書（一九二六）
『信貴山縁起』：小松茂美編　日本絵巻大成4　中央公論社（一九七七）
『宇治拾遺物語』：渡辺綱也・西尾光一校注　大系27（一九六〇）／小林智昭校注・訳　日本古典文学全集28　小学館（一九七三）
『堤中納言物語』：松尾聡・寺本直彦校注『落窪物語・堤中納言物語』大系13（一九五七）／松尾聡『堤中納言物語全釈』笠間書院（一九七一）
『古事談』：小林保治校注　上・下　現代思潮社（一九八一）
『発心集』：簗瀬一雄訳注　角川書店・文庫（一九七五）
『耀天記』：景山春樹校注『神道大系』神社編二九　日吉　神道大系編纂会（一九八三）／石田一良編『神道思想集』日本の思想14　筑摩書房（一九七〇）
『夢の記』：久保田淳・山口明穂校注『明恵上人集』岩波書店・文庫（一九八一）
『華厳縁起絵巻』：小松茂美編『華厳宗祖師絵伝』日本絵巻大成17　中央公論社（一九七八）
『古社記』：永島福太郎校注『神道大系』神社編一三　春日　神道大系編纂会（一九八五）
『明月記』：今川文雄『訓読明月記』一〜六　河出書房新社（一九七七〜七九）
『諏訪上社物忌令』：竹内秀雄校注『神道大系』神社編三〇　諏訪　神道大系編纂会（一九八二）
『平家物語』屋代本：『屋代本平家物語』角川書店（一九七三）
『平家物語』百二十句本：水原一校注『平家物語』上・中・下　新潮日本古典集成　新潮社（一九七九・八〇・八一）
『平家物語』覚一本：高木市之助他校注『平家物語』上・下　大系32・33（一九五九・六〇）
『平家物語』長門本：国書刊行会編『平家物語長門本』名著刊行会（一九七四）
『古今著聞集』：永積安明・島田勇雄校注　大系84（一九六六）

『私聚百因縁集』：仏書刊行会編纂『大日本仏教全書・私聚百因縁集・三国伝記』仏書刊行会（一九一二）
『名語記』：北野克写　勉誠社（一九八三）
『沙石集』：渡辺綱也校注　大系85（一九六六）
『源平盛衰記』：国民図書編　上・下　日本文学大系一五・一六　国民図書（一九二六）
『八幡愚童訓』：桜井徳太郎他校注『寺社縁起』日本思想大系20　岩波書店（一九七五）
『春日権現験記』：『群書類従』二一　続群書類従完成会（一九七七）
『陬波私注』：金井典美『諏訪信仰史』名著出版（一九八二）
『元亨釈書』：山本禅登訳『国訳一切経』史伝部一九・二〇　大東出版社（一九六三・六七）
『徒然草』：西尾実校注『方丈記・徒然草』大系30（一九五七）／今泉忠義訳注　角川書店・文庫（一九五一）
『諏訪大明神絵詞』：金井典美『諏訪信仰史』名著出版（一九八二）
『稲荷大明神流記』：伏見稲荷大社編『稲荷大社由緒記集成』信仰著作篇　伏見稲荷大社社務所（一九五七）
『神道集』：近藤喜博編『神道集・東洋文庫本』角川書店（一九五九）／近藤喜博・渡辺国雄編『神道集・河野本』角川書店（一九六二）／貴志正造訳　平凡社・東洋文庫（一九六七）
『太平記』：後藤丹治・釜田喜三郎校注　一～三　大系34～36（一九六〇・六一・六二）
『曽我物語』：市古貞次・大島建彦校注　大系88（一九六六）
『三国伝記』：池上洵一校注　上・下　三弥井書店（一九七六・八二）
『下学集』：亀井孝校訂『元和本下学集』岩波書店・文庫（一九四四）
『十二類合戦絵巻』：梅津次郎・岡見正雄編『男衾三郎絵巻他』新修日本絵巻物全集18　角川書店（一九七九）
『源氏物語細流抄』：室松岩雄他校『源氏細流抄』国文註釈全書五　すみや書房（一九六八）
『節用集』：與謝野寛他編纂校訂『節用集』易林本　日本古典全集刊行会（一九二六）
『塵塚物語』：鈴木昭一訳　教育社・新書（一九八〇）

『赤城山の本地』：横山重・太田武夫校訂『室町時代物語集』一　井上書房（一九六二）
『かくれ里』：島津久基編校『お伽草子』岩波書店・文庫（一九三六）
『笠寺観音の本地』：横山重・藤原弘校訂『説経節正本集』一　大岡山書店（一九三六）
『熊野の本地』：市古貞次校注『御伽草子』大系38（一九五八）／横山重・太田武夫校訂『室町時代物語集』一　井上書房（一九六二）／横山重・藤原弘校訂『説経節正本集』一　大岡山書店（一九三六）
『玉水物語』：国民図書編『お伽草子他』日本文学大系一九　国民図書（一九二五）
『玉藻の草紙』：横山重・太田武夫校訂『室町時代物語集』四　井上書房（一九六二）
『俵藤太物語』：松本隆信校注『御伽草子集』新潮日本古典集成　新潮社（一九八〇）
『日光山縁起』：桜井徳太郎他校注『寺社縁起』日本思想大系20　岩波書店（一九七五）
『富士の人穴』：横山重・太田武夫校訂『室町時代物語集』二　井上書房（一九六二）
『藤袋』：横山重・太田武夫校訂『室町時代物語』三　古典文庫（一九五七）
『をこぜ』：大島建彦校注・訳『御伽草子集』日本古典文学全集36　小学館（一九七四）／南方熊楠　山神オコゼ魚を好むということ『南方熊楠全集』二　平凡社（一九七一）
『猫の草子』：市古貞次校注『御伽草子』大系38（一九五八）／大島建彦校注・訳『御伽草子集』日本古典文学全集36　小学館（一九七四）
『山の神の祭文』：千葉徳爾『続狩猟伝承研究』風間書房（一九七一）
『雑兵物語』：樋口秀雄校注『図巻雑兵物語』人物往来社（一九六七）／吉田豊訳『雑兵物語他』教育社・新書（一九八〇）
『曽呂利物語』：国民図書編『怪異小説集』近代日本文学大系一三　国民図書（一九二七）
『信太妻』：荒木繁・山本吉左右編注『説経節』平凡社・東洋文庫（一九七三）
『諸国百物語』：太刀川清『近世怪異小説研究』笠間書院（一九七九）

『むぢなの敵討』鈴木重三・木村八重子編『近世子どもの絵本集』江戸篇　岩波書店（一九八五）
『本朝食鑑』：島田勇雄訳注　1～5　平凡社・東洋文庫（一九七六～八一）
『日本釈名』：益軒会編『益軒全集』一　国書刊行会（一九七三）
『大和本草』：益軒会編『益軒全集』六　国書刊行会（一九七三）
『和漢三才図会』：和漢三才図会刊行委員会　上・下　東京美術（一九七〇）
『滝谷村産物』：盛永俊太郎・安田健編『享保元文諸国産物帳集成』三　科学書院（一九八六）
『老媼茶話』：柳田国男・田山花袋編校訂『近世奇談全集』　博文館（一九〇三）
『諸国里人談』：日本随筆大成編輯部編『日本随筆大成』第二期24　吉川弘文館（一九七五）
『新著聞集』：日本随筆大成編輯部編『日本随筆大成』第二期5　吉川弘文館（一九七四）
『蔵志』：三枝博音編纂『日本科学古典全書』八　朝日新聞社（一九四八）
『物類品隲』：平賀源内先生顕彰会編『平賀源内全集』上　名著刊行会（一九七〇）
『造物余譚』：日本医史学会編『造物余譚・越俎弄筆』　医歯薬出版（一九五八）
『貞丈雑記』：島田勇雄校注　1～4　平凡社・東洋文庫（一九八五・八六）／故実叢書編集部　明治図書（一九五二）
『倭訓栞』：『増補語林倭訓栞』上・中・下　名著刊行会（一九六八）
『紅毛雑話』：杉本つとむ註解『紅毛雑話・蘭説弁惑』　八坂書房（一九七二）
『兎大手柄』：鈴木重三・木村八重子編『近世子どもの絵本集』江戸篇　岩波書店（一九八五）
『譚海』：原田伴彦他編『日本庶民生活史料集成』八　見聞記　三一書房（一九六九）
『花月草紙』：日本随筆大成編輯部編『日本随筆大成』第三期1　吉川弘文館（一九七六）
『本草綱目啓蒙』：三枝博音編纂『日本科学古典全書』一五　朝日新聞社（一九四九）
『和蘭医話』：日本医史学会編　医歯薬出版（一九七三）

『耳袋』：森銑三・鈴木棠三編『日本庶民生活史料集成』一六 奇談・紀聞 三一書房（一九七〇）／鈴木棠三編注 1・2 平凡社・東洋文庫（一九七〇）
『武江産物志』：『武江産物志并武江略図』井上書店（一九六七）
『兎園小説』：日本随筆大成編輯部編『日本随筆大成』第二期1 吉川弘文館（一九七三）
『甲子夜話』：中村幸彦・中野三敏校訂 1〜6 平凡社・東洋文庫（一九七七・七八）
『甲子夜話』続篇：中村幸彦・中野三敏校訂 1〜8 平凡社・東洋文庫（一九七九〜八一）
『北越雪譜』：岡田武松校訂 岩波書店・文庫（一九三六）
『遊相医話』：富士川游他編『杏林叢書』下 思文閣（一九七一）
『網張ぬミダゴウマゆんた』：外間守善編『日本庶民生活史料集成』一九 南島古謡 三一書房（一九七一）
『ヤクジャマ節』：外間守善編『日本庶民生活史料集成』一九 南島古謡 三一書房（一九七一）
『古事類苑』動物部：細川潤次郎他編 吉川弘文館（一九七〇）
『お伽草紙』：新潮社・文庫（一九七二）
『日本昔話集成』第一部動物昔話 角川書店（一九五〇）
『日本昔話集成』第二部本格昔話1〜3 角川書店（一九五三・五五）
『パニック』：『パニック・裸の王様』新潮社・文庫（一九六〇）
『月夜蟹』：『かむなぎうた』社会思想社・現代教養文庫（一九七八）
『人犬一如、コンタとゴリ』：『犬をえらばば』新潮社・文庫（一九七四）
『管子』：『管子二十四巻』四部叢刊子部 上海商務印書館（一九二二）
『淮南子』：戸川芳郎他訳『淮南子・説苑（抄）』中国古典文学大系6 平凡社（一九七四）
『列仙伝』：沢田瑞穂他訳『抱朴子・列仙伝・神仙伝・山海経』中国古典文学大系8 平凡社（一九六九）
『黄帝内経』：小曽戸丈夫・浜田善利『意釈黄帝内経素問』・『意釈黄帝内経霊枢』・『意釈黄帝内経運気』築地

書館（一九七一・七二・七三）
『説文解字』：四部叢刊初編経部　上海商務印書館（一九二二）
『捜神記』：竹田晃訳　平凡社・東洋文庫（一九六四）
『太平広記』：台北新興書局（一九六八）
『宋高僧伝』：塚本善隆・牧田諦亮『国訳一切経』史伝部一二・一三　大東出版社（一九五九・六七）
『本草綱目』：上・下　人民衛生出版社（一九八二）／木村康一他新註校定『新註校定国訳本草綱目』一〜一五　春陽堂書店（一九七三〜七八）

あとがき

本書の成立のきっかけは、季刊誌 *is* への拙稿の連載であった。この雑誌の有能な編集者・七字英輔氏のおすすめにより、アニマル・レクシコンと題するシリーズを実妹の中村凪子と交替で分担執筆することになった。私が担当した項目と掲載巻はつぎのとおりである。

サル　第8巻（一九八〇年三月）／キツネ　第10巻（同年九月）／トリ　第12巻（一九八一年三月）／シカ　第14巻（同年九月）／ヘビ　第15巻（同年一二月）／タヌキ　第18巻（一九八二年九月）／イノシシ　第20巻（一九八三年三月）／ムシ　第22巻（同年九月）／ネズミ　第24巻（一九八四年三月）／イヌ　第26巻（同年一〇月）

本書をまとめるにさいしては、*is* の論考にいくらか手を入れた。とくにサルとタヌキの項は大幅に書き改めた。ただし論旨の基本に変更はない。またカワウソの項は、『岩波講座現代生物学月報』第六号（一九七五年七月）に、浦部信義氏の御好意で掲載した拙稿の改変である。他の一四項目および〝要約・結論および補論〟は新たに書きおろした。前著『日本人の動物観』の執筆時期は、is連載時に包摂される。前著の第一章は本書のトリの項、最終章は本書のネズミの項の原稿と、それぞれ前後してできあがった。

本書における各項の配列はつぎの規則にしたがってなされている。
(1) サルからはじまり一項目おきに、原則として十二支に属する動物の項がおかれる。
(2) ただし日本において伝統が稀薄な動物、および架空の動物は、他の動物にさしかえた。具体的にはトラがネコに、タツがトカゲに、ヒツジがカモシカに変更された。
(3) 十二支のあいだにはさまる動物の選択と配列は一応任意である。
私はサル年生まれであるが、本書がサルからはじまるのは偶然の結果にほかならない。つまりis連載第一回の一九八〇年がたまたまサル年だったためである。

本書の〝人〟の項が私の遊びであることは〝まえがき〟で述べたが、本書の構成にはあとひとつべつの遊びがくりこまれている。動物にかんする各項の冒頭に、日本の古典の引用がなされている。第一項のサルから第一二項のクマまで、冒頭引用の古典が成立した世紀に重複がない。第一三項のネコから第二四項のクモまでについても同様である。この遊びこそ奥ゆかしいものだが、私はまだその境地にはたっしていない。人知れずの遊びは、動物の選択と古典の選択の自由度が、いささか小さくなった。

〝人〟をのぞいて二四項目という条件、および上記の遊びによる自縛により、多くの重要な動物が本書の記載対象からはずされた。哺乳類にかぎっていっても、食虫目・翼手目・クジラ目・海牛目に属する動物は登場せず（〝要約・結論および補論〟で、食虫目のモグラについてわずかにふれた）、食肉目のアシカ・アザラシ両科、齧歯目のリス・ヤマネ両科もまたしかりである。爬虫類のカメ目も、日本の説話におけるその重要性からみて、とりあげるべきであったろう。トリ・サカナ・ムシの項目は数回にわけることが望ましかった。また脱稿のあと、中野玄三氏の『日本人の動物画』朝日新聞社（一九八六）を読み、ウサギの項に追加の必要を感じたが、今回はもとの稿のままにしておく。いずれあと一度、日本人の動物観について論じる機会を持ちたい。

雑誌 *is* もと編集室の七字英輔・吉村明彦の両氏、岩波書店編集部の浦部信義氏には、本書の成立にきっかけを与えていただいた。動物の種類同定にかんして、小原秀雄・高田栄一の両氏のお世話になった。個人的な歓談の折に故小川鼎三氏、酒井シヅ氏および筑波常治氏から示唆をいただいた。小川氏、酒井氏についてはカワウソの項でふれているが、筑波氏の示唆があった問題（クマに関連）については、本書では展開できなかったので、本文中において氏の名前をあげる機会をえていない。

立正大学教養部の同僚、青木重幸・高木豊・高橋博・山口桂三郎・山下正治の各氏からもお教えをうけた。以上の方がたに厚くお礼を申しあげたい。

また前著と同様、本書の研究にかんしても、日本生命財団の助成金をいただいた。大学の研究費は、科学史の雑誌を購入するので手いっぱいなので、この助成金なしには研究が困難であったろう。

さいごになったが、ますます胡散くさい存在に堕ちてきている私の著書の刊行を、あえて引きうけてくださった海鳴社、およびそのような私に生活手段を供給している立正大学とくに教養部、なかんずくこの生活手段の根源であり、ときには日本人の動物観の話を無理に聴かされている学生諸氏に、心から感謝の意をあらわしたい。

一九八六年一一月

中村禎里

ハ　行

マ　行

ヤ　行

ラ　行

ワ　行

サ　行

タ　行

ナ　行

動物名索引

ア　行

カ　行

KODANSHA

この本の原本は、一九八七年に海鳴社より刊行されました。

なお、本文の一部に、今日では差別的とされる表現がありますが、著者が故人であり、かつ差別を助長する意図はないことから、そのままとしました。

中村禎里（なかむら　ていり）

1932-2014年。東京生まれ。立正大学名誉教授。専攻は科学史。著書に『日本のルイセンコ論争』『生物学を創った人々』『危機に立つ科学者』『血液循環の発見』『日本人の動物観』『狸とその世界』『河童の日本史』『狐の日本史』などがある。

日本動物民俗誌《にほんどうぶつみんぞくし》

中村禎里《なかむらていり》

2024年12月10日　第1刷発行

講談社学術文庫

定価はカバーに表示してあります。

発行者　篠木和久
発行所　株式会社講談社
東京都文京区音羽 2-12-21 〒112-8001
電話　編集（03）5395-3512
販売（03）5395-5817
業務（03）5395-3615
装　幀　蟹江征治
印　刷　株式会社広済堂ネクスト
製　本　株式会社国宝社
本文データ制作　講談社デジタル製作

ISBN978-4-06-537935-6

「講談社学術文庫」の刊行に当たって

これは、学術をポケットに入れることをモットーとして生まれた文庫である。学術は少年の心を養い、成年の心を満たす。その学術がポケットにはいる形で、万人のものになることは、生涯教育をうたう現代の理想である。

こうした考え方は、学術を巨大な城のように見る世間の常識に反するかもしれない。また、一部の人たちからは、学術の権威をおとすものと非難されるかもしれない。しかし、それはいずれも学術の新しい在り方を解しないものといわざるをえない。

学術は、まず魔術への挑戦から始まった。やがて、いわゆる常識をつぎつぎに改めていった。学術の権威は、幾百年、幾千年にわたる、苦しい戦いの成果である。こうしてきずきあげられた城が、一見して近づきがたいものにうつるのは、そのためである。しかし、学術の権威を、その形の上だけで判断してはならない。その生成のあとをかえりみれば、その根は常に人々の生活の中にあった。学術が大きな力たりうるのはそのためであって、生活をはなれた学術は、どこにもない。

開かれた社会といわれる現代にとって、これはまったく自明である。生活と学術との間に、もし距離があるとすれば、何をおいてもこれを埋めねばならない。もしこの距離が形の上の迷信からきているとすれば、その迷信をうち破らねばならぬ。

学術文庫は、内外の迷信を打破し、学術のために新しい天地をひらく意図をもって生まれた。文庫という小さい形と、学術という壮大な城とが、完全に両立するためには、なおいくらかの時を必要とするであろう。しかし、学術をポケットにした社会が、人間の生活にとってより豊かな社会であることは、たしかである。そうした社会の実現のために、文庫の世界に新しいジャンルを加えることができれば幸いである。

一九七六年六月

野間省一

文化人類学・民俗学

124
年中行事覚書
柳田國男著（解説・田中宣一）

人々の生活と労働にリズムを与え、共同体内に連帯感を生み出す季節の行事。それらなつかしき習俗・行事の数々に民俗学の光をあて、隠れた意味や成り立ちを探る。日本農民の生活と信仰の核心に迫る名著。

135
妖怪談義
柳田國男著（解説・中島河太郎）

河童や山姥や天狗等、誰でも知っているのに、実はよく知らないこれらの妖怪たちを追究してゆくと、正史に現われない、国土にひそむ歴史の事実をかいまみることができる。日本民俗学の巨人による先駆的業績。

484
中国古代の民俗
白川　静著

未開拓の中国民俗学研究に正面から取り組んだ労作。著者独自の方法論により、従来知られなかった中国民族の生活と思惟、習俗の固有の姿を復元、日本古代の民俗的事実との比較研究にまで及ぶ画期的な書。

528
南方熊楠《みなかたくまぐす》
鶴見和子著（解説・谷川健一）

南方熊楠――この民俗学の世界的巨人は、永らく未到のままに聳え立ってきたが、本書の著者による満身の力をこめた独創的な研究により、ようやくその全体像を現わした。〈昭和54年度毎日出版文化賞受賞〉

661
魔の系譜
谷川健一著（解説・宮田　登）

正史の裏側から捉えた日本人の情念の歴史。死者の魔が生者を支配するという奇怪な歴史の底流に目を向け、呪術師や巫女の発生、呪詛や魔除けなどを通して、日本人特有の怨念を克明に描いた魔の伝承史。

677
塩の道
宮本常一著（解説・田村善次郎）

本書は生活学の先駆者として生涯を貫いた著者最晩年の貴重な話――「塩の道」「日本人と食べ物」「暮らしの形と美」の三点を収録。独自の史観が随所に読みとれ、宮本民俗学の体系を知る格好の手引書。 電 P

《講談社学術文庫　既刊より》

文化人類学・民俗学

2344
魚の文化史
矢野憲一著

イワシの稚魚からクジラまで。世界一の好魚民族といわれる日本人の魚をめぐる生活誌を扱うユニークな書。誰でも思いあたることから意表を突く珍しい事例まで、魚食、神事・祭礼、魚に関する信仰や呪術を総覧！ 電P

2347
霊山と日本人
宮家　準著

私たちはなぜ山に手を合わせるのか。神仏や天狗はなぜ山に住まうのか。修験道研究の第一人者が日本の山岳信仰を東アジアの思想の一端に位置づけ、人々の生活と関連づけながらその源流と全体像を解きあかす。 電P

2357
神紋総覧
丹羽基二著

出雲大社は亀甲紋、諏訪神社は梶の葉紋、八幡神社は巴紋……。家に家紋があるように、神社にも紋章＝「神紋」がある。全国四千社以上の調査で解きあかす〈神の紋〉の意味と歴史、意匠と種類。三百以上収録。 電P

2359
日本古代呪術
吉野裕子著（解説・小長谷有紀）

陰陽五行と日本原始信仰

古代日本において、祭りや重要諸行事をうごかした原理とは？ 白鳳期の近江遷都、天武天皇陵、高松塚古墳、大嘗祭等に秘められた幾重にもかさなる謎を果敢に解きほぐし、古代人の思考と世界観に鋭くせまる。 電P

2462
漬け物大全
小泉武夫著

世界の発酵食品探訪記

梅干しからキムチ、熟鮓《なれずし》まで、食文化研究の第一人者による探究の旅。そもそも「漬かる」とは？ 催涙性の珍味「ホンオ・フェ」とは？ 日本列島を縦断し、東南アジアで芳香を楽しみ、西洋のピクルスに痺れる。 電P

2478
精霊の王
中沢新一著（解説・松岡心平）

蹴鞠名人・藤原成道、金春禅竹の秘伝書『明宿集』。中世の技芸者たちが密かに敬愛した宿神とは？ 諏訪で再発見する縄文的なものとは？ 甦る人類普遍の精神史。『石神問答』を超える思考のオデッセイ！ 電P

2745
松村一男著
女神誕生 処女母神の神話学
旧石器時代の大女神から、アテナやアマテラス、マリアのような、処女であり母でもある至高女神への移行は何を意味するのか。人類に普遍的な社会の原像を見出し、新たな神話の可能性を探る比較宗教学の挑戦！

電P

2763
湯本豪一著
日本幻獣図説
河童、鬼、天狗、人魚、龍、雷獣、そして予言獣。異界からやってきた〝不可思議な生き物〟は、ある時は恐れられ、ある時は敬われて伝承されてきた。江戸から明治を中心に、奇想天外な幻獣たちの世界に迫る。

電P

2772
井上円了著／菊地章太編・解説
妖怪学とは何か 井上円了精選
コックリ、狐憑き、西瓜《すいか》の幽霊……御一新の世になお蔓延《はびこ》る迷信を一掃せんとした奇特な哲学者を突き動かしたものとは？「妖怪学講義録」など、円了妖怪学のエッセンスを独自に精選した、決定版アンソロジー。

電P

2779
山口昌男著（解説・今福龍太）
アフリカ史
様々な学問分野を自由に越境し、「知ることの楽しさ」を発信し続けた〈知の道化師〉による圧巻の通史。大胆な視点、著者手描き絵も含む一九三点の貴重な図版から、彼が愛した豊穣なるアフリカの真実を識る！

電P

2780
柳田國男著／新谷尚紀訳
遠野物語 全訳注
なぜ日本の民俗学は、河童やザシキワラシの話から始められなければならなかったか。柳田の原点にして代表作である記念碑的作品の真価を読み解き、その独創性を明らかにする、平易な訳文と懇切な注釈の全訳注。

電P